20世纪中国教育家画传

主编：储朝晖

HU SHI HUAZHUAN

胡适画传

邹新明　著

四川教育出版社

图书在版编目（CIP）数据

胡适画传 / 邹新明著. —成都：四川教育出版社，2012.6
（20世纪中国教育家画传 / 储朝晖主编）
ISBN 978-7-5408-5908-4

Ⅰ. ①胡… Ⅱ. ①邹… Ⅲ. ①胡适（1891～1962）-传记-画册
Ⅳ. ①K825.4-64

中国版本图书馆CIP数据核字（2012）第073598号

责任编辑 赵 文
封面设计 何一兵
装帧设计 王 凌 张 涛
责任校对 刘 江
责任印制 田东洋
出版发行 四川教育出版社
地 址 四川省成都市锦江区三色路266号
邮政编码 610023
网 址 www.chuanjiaoshe.com
印 刷 北京市兆成印刷有限责任公司
制 作 成都完美科技有限责任公司
版 次 2012年6月第1版
印 次 2022年4月第3次印刷
成品规格 170mm×230mm
印 张 16.75
书 号 ISBN 978-7-5408-5908-4
定 价 48.00元

如发现印装质量问题，请与本社调换。电话：（028）86259359
营销电话：15208205647 邮购电话：（028）86259605
编辑部电话：15884467278

总　序

储朝晖

　　2007年3月5日，温家宝总理在第十届全国人大第五次会议的《政府工作报告》中郑重宣布：要提倡教育家办学。这个问题的提出显示出中国急需教育家却又缺少教育家。《国家中长期教育改革和发展规划纲要（2010~2020年）》更明确提出："造就一批教育家，倡导教育家办学。"

　　然而，现今即使是专门从事教育工作的人，对怎样才是真正的教育家却也没有清晰的认识。为解决这一问题，中央教育科学研究所研究员储朝晖与时任四川教育出版社社长安庆国在编写一套《20世纪中国教育家画传》丛书的想法上不谋而合，这对传承、传播中国20世纪教育家的办学理念，弘扬其教育精神和优秀思想，促进教育家办学的早日全面实现十分有益，也十分必要。

　　这套丛书所选择的十位传主是经过教育史专业的学者海选而产生的，他们是王国维、蔡元培、陶行知、张伯苓、胡适、梅贻琦、黄炎培、徐特立、陈鹤琴、晏阳初，我认为他们确实代表了20世纪对中国教育有巨大影响的教育家群体。

　　这套丛书突出传主的教育思想、办学理念、办学实践，尤其凸显传主的教育家精神；强调以史料为依据，对传主的教育贡献作客观评价，实事求是，还原历史，避免主观，不做有意拔高，全书插入大量珍贵历史图片，以图文并茂的方式呈现历史画卷，使得丛书具有了较高的学术价值、收藏价值以及观赏性和可读性。同时，丛书主编精心挑选各位传主研究方面的专家担任各分册作者，较好地保证了整套丛书的编写深度和质量。其中黄延复研究梅贻琦、宋恩荣研究晏阳初、梁吉生研究张伯苓、戴永增研究徐特立、金林祥研究蔡元培、储朝晖研究陶行知都有二十多年了。我与储朝晖第一次见面是在1988年，他拿着一封方明的信来找我，正是为了查阅北京师范大学图书馆特藏部的陶行知研究资料。北京大学图书馆研究馆员邹新明研究胡适、西南大学教授谢长法研究黄炎培、陈鹤琴外孙柯小卫研究陈鹤琴、华东师范大学徐旭晟博士研究王国维，他们也都是长期从事相关研究的专家学者，堪称黄金组合。这套书将有助于读者更好地领会各位教育家的精神真谛。

希望这样一套难得的好书，能激励有志教育的人成为教育家，切实有效地推动中国的教育家办学进程。

不要抛弃学问 [1]
（1929年6月18日）

胡 适

诸位毕业同学：

你们现在要离开母校了，我没有什么礼物送给你们，只好送你句话罢。这一句话是："不要抛弃学问。"

以前的功课也许有一大部分是为了这张毕业文凭，不得已而做的。从今以后，你们可以依自己的心愿去自由研究了。趁现在年富力强的时候，努力做一种专门学问。少年是一去不复返的，等到精力衰竭时，要做学问也来不及了。

即为吃饭计，学问决不会辜负人的。吃饭而不求学问，三年五年之后，你们都要被后进少年淘汰掉的。到那时再想做点学问来补救，恐怕已太晚了。

有人说："出去做事之后，生活问题急需解决，哪有工夫去读书？即使要做学问，既没有图书馆，又没有实验室，哪能做学问？"我要对你们说：凡是要等到有了图书馆方才读书的，有了图书馆也不肯读书。凡是要等到有了实验室方才做研究的，有了实验室也不肯做研究。

你有了决心要研究一个问题，自然会撙衣节食去买书，自然会想出法子来设置仪器。至于时间，更不成问题。达尔文一生多病，不能多做工，每天只能做一点钟的工作。你们看他的成绩！

每天花一点钟看十页有用的书，每年可看三千六百多页书；三十年读十一万

---

[1] 胡适其时任中国公学校长兼文理学院院长，本文是他为十八级学生毕业而赠言。

页书。诸位，十一万页书可以使你成一个学者了。可是，每天看三种小报也得费你一点钟的工夫；四圈麻将也得费你一点半钟的光阴。看小报呢？还是打麻将呢？还是努力做一个学者呢？全靠你们自己的选择！

易卜生说："你的最大责任是把你这块材料铸造成器。"学问便是铸器的工具。抛弃了学问便是毁了你自己。

再会了！你们的母校眼睁睁地要看你们十年之后成什么器。

目录 Contents

一 上庄糜先生

胡适故居内景。

安徽绩溪的上庄，原是极其平常的皖南山村，但由于这里出了一位大名鼎鼎的胡适之而名声大噪。胡适曾在这里度过九年的童年和少年时光，当年居住的院落仍保存完好，胡适故居成为众多胡适敬仰者的"朝圣"之地。

绩溪原为徽州六县之一，自然条件与徽州其他县一样，地属山区。徽州稀少的耕地不足以养活众多的人口，于是很多人在十几岁时就被迫离开家乡到外地经商打工，当地流行的民谣道出了其中的无奈："前世不修，生在徽州。十三四岁，往外一丢。"而这种恶劣的自然条件，形成了徽州人经商的传统，著名的"徽商"即源于此。

绩溪人同样靠经商养家糊口，红顶商人胡雪岩即出自绩溪。过去曾有"无徽不成镇"、"无绩不成街"的说法，可见绩溪人从商之盛。而上庄村也因商业发达，当年有"小上海"之称。

胡适的祖上没有功名显赫的读书人，也没有家财万贯的富商，只是胡适的高祖在上海黄浦江对面的川沙开设了一个小茶叶店，祖父又在上海城区开了一个分店，两处茶叶店成为胡家主要的经济来源。胡适的父亲胡传，字铁花，号钝夫。因为比较聪颖，受到伯父的赏识，得以专心读书，谋求科举仕途。胡传于同治四年（1865年）考中秀才，此后几次省试未中，后入上海龙门书院，开始对中国边疆地理发生兴趣。光绪七年（1881年）经

胡适的父亲胡传。

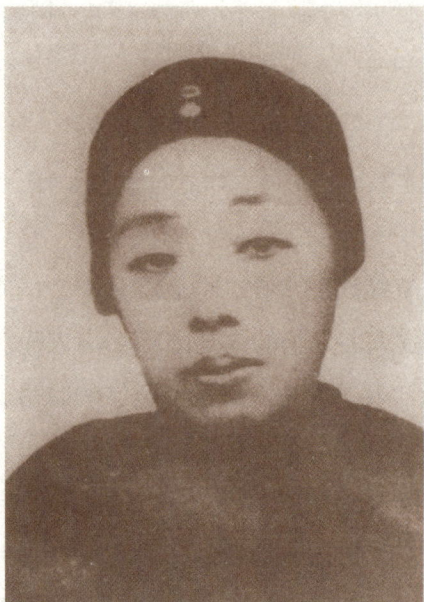

胡适的母亲冯顺弟。

人举荐入吴大澂幕府，得到赏识，随吴辗转吉林、广东、郑州等地。后蒙吴保举以直隶州候补知州候缺任用，被派往上海，任淞沪厘卡总巡。

胡传一生三次娶妻：发妻死于太平天国战乱；第二任妻子与其生三子四女后去世；1889年，胡传续娶距上庄十里的中屯村之农家女冯顺弟为妻，就是后来胡适的生母。

光绪十七年十一月十七日（1891年12月17日），胡适出生于上海大东门外，取名嗣穈，读书时取名洪骍。巧合的是，后来北京大学的校庆日也是12月17日，胡适与北京大学的缘分似乎命中注定。

胡适出生后不久，因台湾巡抚邵友濂奏请，胡传被调到台湾襄赞省政，曾管理全省盐政，后任台东直隶州知州，兼领台东后山军务。胡适1892年与母亲及家人到台湾与父亲团聚。甲午战争爆发后，胡适与母亲于

1895年离开台湾，同年回到家乡绩溪。同年七月初三，噩耗传来，胡传因病在厦门去世，当时胡适只有三岁零八个月，母亲冯顺弟只有23岁。

当时的胡家，胡适的大姐比冯顺弟大七岁，已经出嫁；大哥比冯顺弟大两岁，从小就是个败家子；二姐从小过继给人家；三姐比冯顺弟小三岁；双胞胎二哥三哥比冯顺弟小四岁。23岁的年轻寡妇突然要以后母的身份操持这个大家庭，其艰难可想而知。

胡传手写本《石鹤舫先生诗词钞》。

胡适父亲胡传光绪二十一年五月二十八日写给胡适二哥胡嗣秬的自述。

胡适在胡传自述后的题跋。

胡传给冯顺弟的遗嘱说,胡适天资聪明,应该让他读书;给胡适的遗嘱也是让他读书上进。当时科举制度尚存,"万般皆下品,唯有读书高"的观念仍然深入人心,胡传希望胡适读书求得功名,出人头地,振兴家业,光耀门庭。

胡传去世后,胡家的经济主要靠二哥经营,家境不是很好。但冯顺弟牢记胡传的嘱托,把全部希望都寄托在培养胡适读书上。胡适自幼聪明伶俐,很得父亲宠爱,在他不满三岁时,胡传就拿出之前教冯顺弟识字的红纸方字教胡适认读。就这样,胡传做教师,冯顺弟当助教,到胡适与母亲离开台湾时,已经认识700多字了。胡适回到家乡不久,母亲就把他送到四叔介如先生的私塾里读书。

与一般初入私塾儿童不同的是,胡适念的第一部书不是《三字经》、《百家姓》等启蒙读物,而是胡传亲自编写的四言韵文《学为人诗》。顾名思义,就是以儒家的伦理道德为基础教给胡适做人的道理。其开篇几句说:

为人之道,在率其性;

子臣弟友,循理之正;

谨乎庸言,勉乎庸行;

以学为人,以期作圣。

胡适小时候体弱,很少跟村里的孩子们一起疯玩,而且母亲一心要培养胡适做个斯文的读书人,不让他跟村里的孩子们乱跑。于是小小年纪的胡适便与众不同,颇有些儒雅端庄之气,村里的老人都说他"像个先生样子",称他为"穈先生"。这种称呼无形中加深了胡适对"作圣"的自我认识,以至于当他跟一帮小朋友玩"掷铜钱"的游戏,别人开玩笑说"穈先

胡适故居外景。

生也掷铜钱吗"时便觉得羞愧难当。

　　胡适在私塾读的第二本书是父亲编写的四言韵文《原学》——一本讲述哲理的书。此后，胡适在私塾中所读的几本书都是儒家传统经典：《孝经》、朱熹的《小学》、朱熹注本《四书》、《诗经》、《书经》、《易经》、《礼记》等，与一般私塾所读书目大致相同。不同的是，一般私塾先生只是让学童摇头背诵，并不讲解，所谓"读书百遍，其义自见"。而胡适母亲则多付给私塾先生学费，让他逐句给胡适讲解，这样一来，胡适对传统经典的理解自然要深入得多，由此打下基本的国学根基。

胡适在私塾中所读的儒家经典虽然重要，但满纸之乎者也，对一个儿童来说未免枯燥，一个偶然的机会让胡适发现了一个有趣的新天地。一天，胡适在私塾旁边的小屋里玩，无意中在一堆废纸中发现了一本残破的《第五才子书》，即《水浒传》，这是中间的一册，开卷就是《李逵打死殷天锡，柴进失陷高唐州》。胡适对梁山好汉的故事很感兴趣，一口气读完，还不过瘾，于是找人借其他各卷看，后来又读了《三国演义》、《红楼梦》、《儒林外史》、《聊斋志异》，一发而不可收。再后来还有了自己的小说收藏，离开家乡时，胡适已经读了三十多部小说了。这些小说多数是白话，使胡适"不知不觉中得了不少的白话散文的训练"，并且帮助他把文字弄通顺了。[1]胡适终生保持着对小说的兴趣，不仅对《红楼梦》、《水浒传》等做过考证文字，而且外出旅行、研究之余也常常阅读小说。

读的小说多了，胡适真的当起了小先生。从十二三岁起，他开始给本家的姊妹们讲《聊斋》故事，因为这些女孩子多不识字。胡适后来分析："这样地讲书，逼我把古文的故事翻译成绩溪土话，使我更了解古文的文理。所以我到十四岁来上海开始作古文时，就能做得很像样的文字了。"[2]

胡适的母亲对胡适读书要求很高，平时的管教也很严格，既是慈母也是严父。胡适做错了事情，母亲从不在人前打骂，而是等到第二天早上胡适醒来，才教训他。胡适母亲待人温和仁慈，对胡适起到了潜移默化的影

---

[1]《四十自述》，欧阳哲生编：《胡适文集》（第1卷），北京大学出版社1998年版，第51页。
[2]《四十自述》，欧阳哲生编：《胡适文集》（第1卷），北京大学出版社1998年版，第52页。

响，胡适自认自己待人接物的温和，能宽恕体谅人，都是得自母亲的言传身教。

然而温和"作圣"的糜先生，也有"率性"的一面，少年胡适曾有过一次多少有些惊世骇俗的举动。那是胡适十三岁时候的正月，他到大姐家拜年并住了几天，十五日早晨与外甥回家，路经外婆家住的中屯村时，见村口有三个门亭供着神像，胡适指着神像对外甥说："这里没人看见，我们

上庄街道。

来把这几个烂泥菩萨拆下来抛到茅厕里去，好吗？"这个建议把外甥给吓坏了，同行的长工也连连劝阻。胡适不听，捡起路边的石子就向塑像砸去。正在这时，村里有人出来，胡适才被劝走。

少年胡适之所以敢对泥菩萨大不敬，是因为这时的他已经不相信鬼神的存在。这种观念得自二哥推荐他点读的《资治通鉴》。一天，胡适读到《资治通鉴》范缜主张神灭论的记载：

缜又著《神灭论》，以为形者神之质，神者形之用也。神之于形，犹利之于刀。未闻刀没而利存，岂容形亡而神在哉？

胡适读后豁然开朗，把头脑中的鬼神观念一扫而空，变成了一个无神论者。

1904年初，胡适刚满十三周岁，经人说合，与邻近的旌德县江村比自己大一岁的江冬秀订婚。同年春，胡适离开生活九年的故乡上庄，告别母亲，告别"糜先生"的身份，到上海读书。

二　上海新学堂

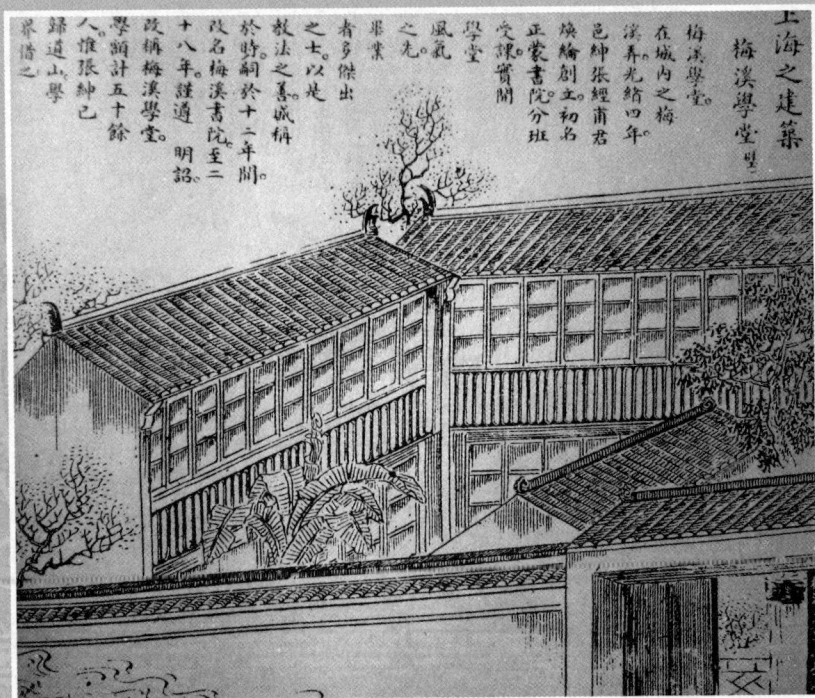

上海之建築

梅溪學堂曁

梅溪學堂。在城內之梅溪弄。光緒四年邑紳張經甫君煥綸創立。初名正蒙書院。分班受課質開學堂風氣之先。畢業者多傑出之士。以是教法之善城內於時嗣於十二年間改名梅溪書院。至二十八年謹遵明詔。改稱梅溪學堂。學額計五十餘人。惟張紳已歸道山學界惜之。

1909年《图画日报》连载的《上海之建筑》一文中的梅溪学堂。1904年胡适曾就读于此。

20世纪初，清政府在内外交困的情况下，被迫实行一些"新政"，其中就包括学制的改革。1901年，清政府颁布谕令，规定从1902年起各省科举主考策论，废除八股，同时将各级书院改为大、中、小学堂，学生毕业后可以取得功名。在这种情况下，入新学堂读书已经成为大势所趋。胡适到上海读书，自然也有入新学堂谋求新的出路的意图。

清末的上海已经发展成为受西方文化影响很大，得风气之先的新兴大都市。置身洋楼林立、车水马龙、华洋混杂的大上海，从皖南山区第一次走出来的少年胡适感到既新鲜刺激，又有些茫然。他知道，新的求学生活，未来的路，都要靠自己一个人去打拼了。

胡适在上海入的第一所新学堂是父亲好友张焕纶创办的梅溪学堂，这所学堂也是学制改革的结果，原来叫做梅溪书院，胡适的二哥、三哥都曾在此读书。

当时的清政府虽然对学制进行了改革，但在教学内容上，依然坚持"中体西用"，规定各级学堂"当以四书五经、纲常大义为主，以历代史鉴及中外政治艺学为辅"。梅溪学堂的课程设置也基本依照这个思路，虽有国文、算学、英文三科，但对国文最为重视，分班和毕业基本都是依据国文程度。胡适因为不懂上海话，在家乡又未曾"开笔"做文章，就被分到较低的第五班。

胡适初进学堂时，穿着蓝呢夹袍，外罩绛色呢大袖马褂，斯斯文文的"上庄糜先生"在摩登的上海人眼里，成了土里土气的乡下少年。然而令先生和同学想不到的是，就是这个满嘴绩溪方言、貌不惊人的少年，不久竟在课堂上指出教书先生的错误，并由此"连升四级"。

据胡适《四十自述》，那是胡适入梅溪学堂的第四十二天，当时教《蒙学读本》的沈先生给大家讲解书中的一段引语：

传曰：二人同心，其利断金。同心之言，其臭如兰。

沈先生解释说这段话出自《左传》。胡适在私塾是读过《周易》的，知道沈先生讲错了，于是在沈先生讲完之后，拿着书走到他的桌边，低声用刚学会的上海话告诉沈先生，这里的"传曰"是《易经》的《系辞传》，而不是《左传》。沈先生听了，虽然脸红，却没有恼羞成怒，反倒觉得这个绩溪少年国文基础不错，于是出了个"孝弟说"的题目让胡适做。看完胡适的作义，沈先生就让胡适带上书包，把他带到二班课堂上，跟教员顾先生交代了一下。就这样，胡适就一日之间由五班升到了二班。

这个突然的"跳级"使少年胡适颇有些得意，可是在二班教室坐下来，看看黑板上的作文题目，他开始犯愁了。原来这天正赶上作文课，黑板上一共有两个题目：

论题：原日本之所由强

经义题：古之为关也将以御暴，今之关也将以为暴

胡适在家乡读书时，二哥、三哥由于在上海受了新思潮的影响，不让他

"开笔"做八股文，也不让他学做策论、经义，所以这个经义题是没法做了。而第一个题目就更麻烦了，胡适在家乡受的是传统的教育，连日本在哪儿都不知道，"日本之所由强"就更无从谈起了。

正在胡适为难之际，学堂的茶房送来一张条子，说胡适家里有急事，让他赶紧回去。程先生让胡适回家作文，下周四交上来。胡适如释重负，赶紧抄了题目出来，到了门房才知道到上海治病的三哥病危。

胡适赶回家里在上海开的公义油栈不久，三哥就去世了。胡适二哥从汉口赶回来，料理了丧事。胡适把作文的事儿跟二哥说了，二哥给他找来《明治维新三十年史》、《壬寅新民丛报汇编》等参考书，胡适翻看了几天，才算把论说交上去了。二哥给胡适的这些参考书，为少年胡适打开了一扇了解外面世界的窗户，特别是梁启超在《新民丛报》等报纸上发表的文章，思想新颖，文笔犀利，抨击君主专制，提倡民权，对胡适影响很大。一天，同学王言借来一本邹容的《革命军》，胡适和几个同学互相传看，很受感动，于是大家轮流在晚上点上蜡烛，偷偷抄了一本。经过这些改良与革命思想的洗礼，这时的少年胡适也自命为"新人物"了。

胡适入梅溪学堂几个月后即升入头班，当年梅溪学堂改为梅溪小学，年底要办毕业第一班，学校准备送胡适和另外三位同学到上海道衙门考试。由于胡适倾向革命，加之当时上海发生了俄国水兵无故砍杀宁波木匠事件，因此对上海道台袁海观非常痛恨，于是不到考试日期就离开了梅溪学堂。

1905年，胡适进入澄衷学堂，学堂由宁波富商叶成忠创办，当时是上海有名的私立学校，学校的总教白振民是胡适二哥的同学。

澄衷学堂共分12班，按照所在课堂区分，最高一班为东一斋，第二班为西一斋，以此类推，最低者为西六斋。胡适初入澄衷时，因为英文、算学程度低，被编在东三斋，即第五班。澄衷学堂的课程设计较梅溪完善得多，除国文、英文、算学外，还有物理、化学、博物、图画等课程。迄今为止我们能看到的最早的胡适日记就是1906年的《澄衷日记》，根据这本日记，胡适在当时上的课程还有历史、地理、伦理、唱歌、体操等。

澄衷学堂在教学上管理很严，每月有月考，半年有大考。胡适很用功，人又聪明，经常考第一，所以一年之内升了四班。因为入学时算学不好，胡适在这方面用功最多，并且逐渐产生兴趣，常常在宿舍熄灯之后"秉烛夜算"，把蜡烛放在帐子外面的床架上，自己趴在被窝里，把石板放在枕头上做题。学习之外，胡适比较重视体操课，因为自己从小体弱多病，希望借此强健身体。

胡适后来回忆，澄衷学堂的教员中，对自己影响最大的是国文教员杨千里，因为"思想很新"，很得同学们的喜爱。一次，杨千里让班里的学生买吴汝纶删节的严复译赫胥黎的《天演论》作为读本，胡适第一次读到了这本风行一时的严译名著。杨千里思想激进，出的作文题目也特别，胡

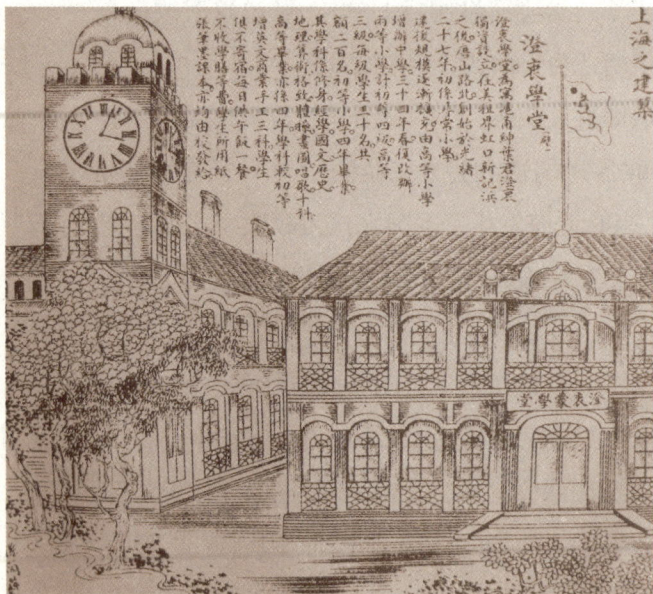

1909年《图画日报》连载的《上海之建筑》一文中的澄衷学堂。

适后来还记得当时杨先生出的一个题目："物竞天择，适者生存，试申其义。"杨先生的题目也代表了当时中国人对鸦片战争以来中国屡屡战败，割地赔款耻辱的反思和猛醒。而"胡适"这一名字的来历也与严译这句名言有关。当时胡适的学名是胡洪骍，他让二哥帮自己想一个表字，二哥想了想说，就用"物竞天择，适者生存"的"适"字如何？胡适听了很高兴，二哥字绍之，三哥字振之，于是自己有了表字适之。不过"胡适"这个名字直到他1910年参加留美官费考试时才正式使用。

在澄衷学堂读书期间，除了功课，胡适阅读了一些其他书

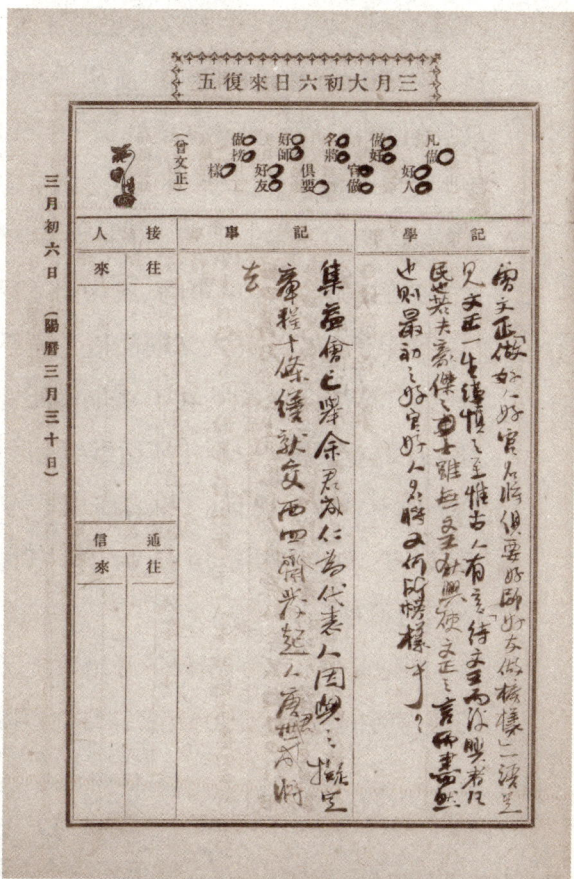

《澄衷日记》一页

籍，包括严复译的《群己权界论》，而感受最深，对自己影响最大的当属梁启超的著作。梁启超的文章不仅思想敏锐新颖，而且行文纵横捭阖，汪洋恣肆，时称"新文体"。这种"新文体""务为平易畅达，时杂以俚语、韵语及外国语法，纵笔所至不检束……然其文条理明晰，笔锋常带感情，对于读者，别有一种魔力焉"。[1] 胡适后来追忆，当时对自己启发、影响最大

---

[1] 梁启超：《清代学术概论》，上海古籍出版社1998年版，第85～86页。

的是《新民说》和《中国学术思想变迁之大势》。前者痛陈中国民族与西洋民族相比所缺乏的美德，使胡适相信中国之外还有很高等的民族、很高等的文化。后者则让胡适知道了《四书》、《五经》之外中国还有学术思想。梁启超关于中国学术思想史的文章并没有写完，让刚发现学术史趣味的胡适很不过瘾。他想：将来如果能替梁先生把所缺补齐，一定是件非常光荣的事情。这种"野心"成为胡适后来作《中国哲学史》的动力。

如果说梁启超的文章使胡适了解了国家和各国大势，以及中国学术发展的新世界，那么胡适在澄衷期间阅读的宋明理学著作则为他提供了修身立德的重要根本，少年胡适继续朝"作圣"努力。胡适的《澄衷日记》扉页上题有这样一段话："学者所以学为人而已，非有他也。丙午夏录陆子语以自警。"这是胡适用宋代心学大师陆九渊的话提醒自己，读书要学习做人的道理。

胡适是在二哥的建议下开始系统阅读宋明理学著作的。《澄衷日记》的写作时间范围为1906年3月4日到7月26日，也就是胡适在澄衷的最后半

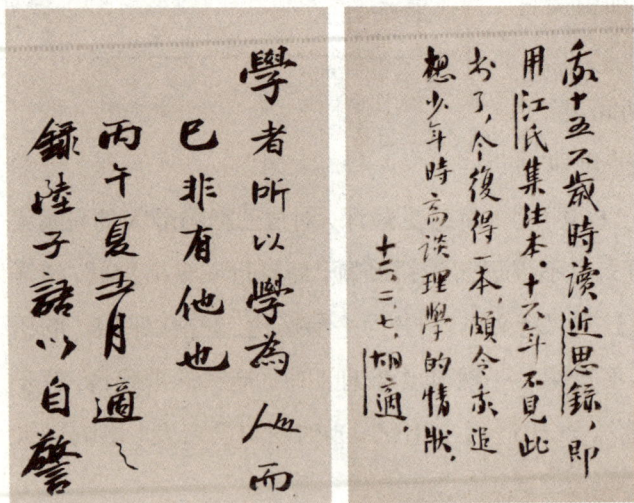

《澄衷日记》扉页题记。

1923年，胡适在其购买的《近思录》上所写的题记。

年。其5月20日的日记记载："返栈，二兄为余言好名之病，复以朱子《近思录》授予，命予玩味之。"[1]这是胡适系统阅读宋明理学著作的开始，而主要目的则是为了用理学家的修身养性的主张矫正自己的偏差。胡适在《澄衷日记》中也多次对自己"好名"等缺点进行反思，5月22日的日记记载："予一生大病根有三：（一）好名，（二）卤莽，（三）责人厚；未尝不自知之，每清夜扪心，未尝不念及而欲痛改之。阳明云：'未有知而不行者，知而不行，只是未知。'噫，骍也，乃竟欲见呵于子王子欤？"[2]5月28日日记又记二哥送给自己《二程粹言》两册阅读。胡适自己后来回忆，这一时期读过的理学著作还有梁启超的《节本明儒学案》、王守仁的《传习录》等。

胡适在《澄衷日记》中还对自己在家乡阅读古典小说进行了反思，其5月1日的日记写道："予幼嗜小说，惟家居未得新小说，惟看中国旧小说，故受害滋深，今日脑神经中种种劣根性皆此之由，虽竭力以新智识，新学术相揾注，不能泯尽也。且看浅易文言，久成习惯，今日看高等之艰深国文，辄不能卒读。缘恶果以溯恶因，吾痛恨，吾切齿而痛恨。因立誓，此后除星期日及假期外，不得看小说。惟此等日，亦有限制：看小说之时限，不得逾三小时；而所看除新智识之小说，亦不得看也。"[3]胡适这里分析自己阅读古典小说的影响与《四十自述》中的说法完全不同，基本取否定的态度。或许胡适自家乡相对闭塞的环境中走出后，发现自己对于所谓"新学"的缺乏，由此产生对古典小说的否定。此外，从中可以看出，少年胡适已经很注重反思和自我约束。

《澄衷日记》记载的一件小事则体现了少年胡适对人的宽容，并且表

[1]《胡适日记全集》（第1卷），台湾联经出版事业公司2005年版，第32页。
[2]《胡适日记全集》（第1卷），台湾联经出版事业公司2005年版，第33页。
[3]《胡适日记全集》（第1卷），台湾联经出版事业公司2005年版，第23页。

明他那时已经颇能对人晓之以理。事情的经过是这样的：4月2日，胡适丢了一本书，第二天知道是被西四斋的某某偷去了。晚饭的时候胡适与某某不期而遇，某某掉头就走，面露惭愧之色。胡适觉得他尚有羞恶之心，于是叫住他，对他讲了一番大道理："你不想见我，可见你良心未泯，我很高兴。只是你这种行为实在是大错。我失去的只是一本书，而你失去的则是自己的名誉。书丢了还能再买，名誉损失了就不好洗清了。……这件事对别人的损害只有一，对自己的损害却大到一百，你为什么喜欢这样做呢？"某某似乎被胡适给说服了。

在澄衷期间，除了刻苦攻读，胡适还参加了校内外的一些团体活动，并尝试作一些演讲。《四十自述》中说，有一次演说《论性》，既不赞成孟子的性善论，也不赞成荀子的性恶论，而是主张王阳明的性"无善无恶，可善可恶"，他借用刚学到的浅近的科学知识加以论证，言之成理，得到同学们的肯定。另据《澄衷日记》记载，胡适这时参加的团体，除了在自己所在班级西一斋自治会被选为会长外，还参与集益会、阅书社、安徽旅沪学会等团体。这表明，该时期的胡适表现相当活跃，不再是上庄那个少与人交往一心读书的"糜先生"了。

胡适在澄衷期间积极上进，思想活跃，英语、算学方面提高很大，为后来参加官费留美考试打下了很好的基础。然而好景不长，1906年5月，胡适因出夏操的事情与总教白振民发生矛盾，遭到"不胜班长之任，应即撤去"的公开处分。胡适曾给白振民写信辩白，后在二哥劝说下再次致书白振民，"略陈悔意"，由此班长一职未被撤去。此事虽然平息，胡适心中难免仍有些不平，加上后来一位好友被开除，于是到这一年的暑期，胡适报考了中国公学，考中后就离开了澄衷学堂。当年胡适入澄衷，就是因为白振民看了胡适的作文，跟胡适的二哥建议的，因此白振民对于胡适在澄衷的读书，多少有些"成也萧何，败也萧何"的意味。

　　胡适在上海就读的第三所学校中国公学是1906年春由一批留日学生创办的。这些留日学生在1905年因抗议日本文部省颁布取缔中国留学生规则而愤然归国,归国后他们主张办一个公立的大学,定名为"中国公学"。

　　胡适参加中国公学入学考试时,监考的是总教习马君武。当时的国文考试的题目是《言志》,胡适的作文得到马君武的赏识,给一些老师传看,大家都认为中国公学招了一个好学生。

　　当时的中国公学受留日学生影响很大,许多学生剪了辫子,穿着和服,拖着木屐;不过也有一些来自内地的老先生,戴着老花镜,捧着水烟袋,与那些新派学生"相映成趣"。总的来说,中国公学的学生多数年龄都比较大,有的还兼任学校的职员或教员,像胡适那样十五六岁的少年学生非常少,胡适天天跟这些年纪大的同学混在一起,觉得自己也是个大人了。

　　那时候中国公学的课程水平不高,胡适入学后感觉英语和数学都很容易应付,分到甲班也不觉吃力,因此胡适在中国公学期间学业上的收获不是很大。由于中国公学是上海第一所用"普通话"上课的学校,胡适也很快学会了说"普通话",只是由于喜欢学四川人说话,所讲的国语中带有"川味"。

　　学校的教员和同学当中有不少是革命党,想看同盟会的机关报《民报》也就非常容易,胡适自然也受到他们的一些影响。不过也许是因为胡适太小,在中国公学三年没有人强迫他剪辫子,也没有人劝他加入同盟会。

　　胡适在中国公学的三年期间收获大的主要是两方面,一是尝试为《竞业旬报》写白话文和白话小说,直到主编《竞业旬报》;二是开始学写古体诗。

報　旬　業　競

小說

小社會
說　真如島

第十回
名教罪人美聊賚友
倫常針砭近溪縱談（續二十八期）

鐵兒

近溪忙拭了眼淚。哽咽著說道。說高興了。竟觸起老懷。忘了正事了。再

說蘭仙的女兒。回得家來。見了。那後母。已有了幾分不快。那做後母的見

丈夫鍾愛前妻的子女。也便有幾分不快。後來住了年把，那母女二人。便

生了許多嫌隙。未免時時有些口舌。我們這程和程本來相隔不過幾里路。

便有許多小人。於中撥弄是非。告訴美卿的妻子。說蘭仙的女

兒。不孝順父母。天天和後母爭吵。有的說。那女兒已經被蘭仙的後妻折

磨得不成樣子了。因為蘭仙的女兒小的時候。左手拗了一條筋。並不妨事的。一切

有的人。有的說。那女兒的手。已被他後母打折了。這話原也有

個因由。

小說

二九

胡适在《竞业旬报》上发表的小说《真如岛》。

胡适在中国公学第一学期时，同宿舍有几位同学参加了竞业学会，由此介绍胡适与学会的人认识，后来又被邀为这个学会办的白话报纸《竞业旬报》写稿子。《竞业旬报》表面上说办报宗旨是振兴教育、改良社会等等，骨子里却是鼓吹革命。胡适在第一期上以"期自胜生"的笔名发表了一篇《地理学》，介绍通俗地理学知识。随着写白话文的熟练，胡适开始像模像样地写起小说来，《竞业旬报》自第三期开始连载胡适的白话章回

小说《真如岛》。到了1908年农历七月，胡适接手主编《竞业旬报》。主编《竞业旬报》的经历不仅让胡适受到白话文的训练，而且让他可以把自己学到的知识和见解经过思考整理表达出来，其中的一些思想成为胡适后来一些主张的出发点。

胡适入中国公学不到半年，就因脚气病不得不请假在二哥开的茶叶店中休养。正是在此养病期间，胡适偶读吴汝纶选编的一册古体诗读本，对古体诗发生了兴趣。于是，在读完这个选本之后，又从二哥的藏书中找来《陶渊明集》和《白香山诗选》阅读，后来又自己买了《杜诗镜诠》。这时候的胡适专找古体诗来读，不愿意再读律诗了。

一个偶然的机会胡适写了一首诗给朋友，得到朋友的肯定，于是迷上了作诗，甚至在算学课上也偷偷翻看关于写诗的书或写诗。胡适后来认为，自己从澄衷学堂对算学的迷恋，到中国公学对作诗的喜爱，这种转变决定了自己一生的命运，从此走上文学、史学之路。

1907年农历五月，胡适脚气病复发，回上庄养病，其间读了不少白居易的诗，并得到族叔胡近仁的鼓励，此后胡适在与胡近仁的通信中经常切磋探讨作诗。胡适回校后，与喜欢诗词的同学和教员往来唱和，慢慢地竟成了学校里颇有些名气的少年诗人了。

1908年农历九月，因为学生组织"校友会"与学校管理方在修改校章上产生矛盾，校方的压制手段激起包括胡适在内的多数学生的公愤，于是学生决定退学，推举干事筹备另创新校。在艰苦的条件下，"中国新公学"竟然在十天内筹备完成。因为经费困难，一些同学也被聘为教师，条件是薪水不能全领。胡适也被聘为低年级英文教师，每周30小时课程，月薪号称80元。

大约在此之前不久，胡适家里经济发生问题，母亲需要胡适寄钱赡养。于是17岁的胡适接受了这份教职，当起了中国新公学的英文教员，直到1909年冬天中国新公学解散。令胡适想不到的是，在他教的两个班的学生中，后来竟出了饶毓泰、杨杏佛等著名人物。除此之外，这一年当英文教师的经历，让胡适在英文文法方面受益很多，也为后来参加留美官费考试打下了基础。后来，经各方调停，中国新公学与旧校合并，胡适也就失业了，最后得到的只是300元欠薪。当时胡适的家庭情况已糟糕到极点，经济破产，母亲的妹妹、弟弟去世，母亲病重，种种打击先后袭来。1910年初，胡适经中国公学时的老师王云五介绍，到华童公学教小学国文以维持生计。就在这段苦闷彷徨的日子里，胡适结交了"一班浪漫的朋友"，慢慢地，打牌、喝酒、叫局、吃花酒，差不多吃喝嫖赌全学会了。直到胡适一次酒后大醉，与租界巡捕发生冲突，被关进巡捕房，才猛然警醒，决心痛改前非。于是胡适当天写信辞掉了华童公学的教职，开始专心准备赴美庚款官费留学的考试。

清政府于1905年宣布，自1906年正式废除科举。于是很多人开始谋求新的出路，出国留学成了比较好的选择。胡适在1910年6月30日给母亲的信中说："现在时势，科举既停，上进之阶惟有出洋留学一途。"[1] 胡适在1908年底给朋友程玉樨的信中曾说，因家境困难，自己被迫辍学任教，"此时种种留学西洋研究文学之妄想已不再入梦矣"。[2] 他在另一封给母亲的信中则说："儿每日授课四时，以外有暇，时时研习他国文字，以为出洋之预备。"[3] 说明胡适早有出国留学的打算，并一直着手准备。

在好友许怡荪的鼓励下，在几位朋友的资助下，胡适闭门读书两个月后，与二哥于1910年7月初到了北京。经过一个月的准备，8月，胡适参加了庚款留美考试。据胡适回忆，考试分两场，第一场考国文、英语，第二场

---

[1]《胡适全集》（第23卷），安徽教育出版社2007年版，第20页。
[2]《胡适全集》（第23卷），安徽教育出版社2007年版，第11页。
[3]《胡适全集》（第23卷），安徽教育出版社2007年版，第13页。

第二批庚款留美考试榜单。

考西洋史、动物学、物理学等各种科学学科，胡适因为第一场成绩不错，所以尽管第二场因为准备仓促，成绩不理想，但最终还是在400多个考生中考得第55名，荣登当年留美70人榜单。同期考入的还有赵元任，名列第二，后来成为胡适的至交。赵元任后来成为著名语言学家，清华国学研究院"四大导师"之一。

胡适对这次考试信心不是很足，在7月12日给母亲的信中说，如果没被录取，准备回上海一面工作，一面准备，来年再考。因为怕考不中被朋友取笑，胡适在报名时，正式用了"胡适"这个名字，从此以后他就叫"胡适"，很少有人知道"胡洪骍"了。当时的胡适肯定没有想到，"胡适"这个名字后来会那么响亮。

胡适到北京备考时才知道，当年考中的庚款留美生直接放洋，而不是像之前说的那样先入肄业馆预备半年或一年。因此考中之后时间仓促，胡适来不及回家拜别母亲，就匆匆回上海置办行装。1910年8月16日，胡适在上海搭乘"上海宫殿"号，向下一个求学地——美国进发了。

三　留学美利坚

SECTY. OF STATE BRYAN. AND THE 8th INTERNATIONAL CONGRESS of STUDENTS WASH. D.C.

1913年世界学生会会员在华盛顿与美国国务卿William J. Bryan合影，第三排右四为胡适。

1910年9月18日，经过三十三个昼夜的海洋漂泊与陆地辗转，行程三万余里，胡适终于到达了康奈尔大学所在地纽约州绮色佳（即伊萨卡）。那一天是农历八月十五中秋节，在这个中国传统的家人团聚的节日，胡适远离亲人，远离故国，开始了为期七年的美国留学生活。

胡适到康奈尔大学后，选择了农科。这种选择，并非出自他自己的志趣，而是出于两点考虑：一是二哥对他有选择有用技艺、实业救国的建议；二是农科不收学费，每年可以节省150美元贴补家用。大致从1908年到1917年胡适回国期间，挣钱赡养母亲是胡适不得不考虑的一件大事，也是影响他选择的一个重要因素。

胡适入学后，第一学年所学课程有英文、德文、生物学、植物学、气象学等。1911年1月30日，胡适购得《五尺丛书》（又称《哈佛经典丛书》，共50册），成为胡适阅读西方文学，了解西方经典的重要参考，很多卷册中都留下了胡适的批注。英文课方面，胡适阅读了莎士比亚的戏剧《亨利四世》、《罗密欧与朱丽叶》、《哈姆雷特》、培根的论说集、班扬的《天路历程》、狄更斯的《双城记》等；德文方面，读了*Leberecht Hühnchen*（胡适在日记中译作《虚馨传》）、*Kleider Machen Leute*、莱辛的*Minna von Barnheim*（胡适日记中译作《明娜传》）等。此外胡

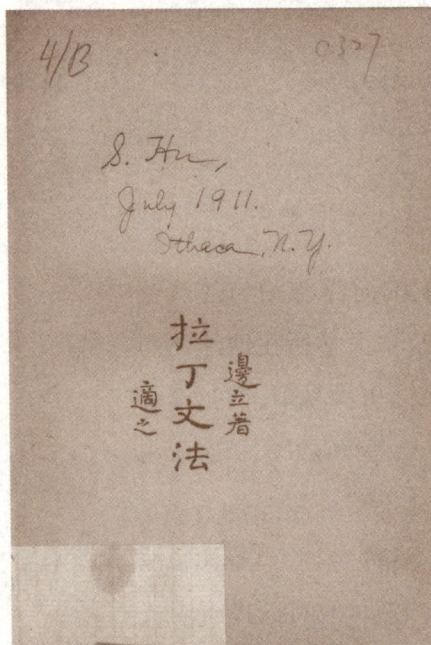

1911年6月胡适购买的《拉丁文法》。

适还阅读了一些西方人评论中国的著作，如Arthur H. Smith所著的*China
and America* 和 *The Uplift of China*等。

　　胡适在阅读上述西方小说、戏剧等经典作品时，其对小说等文学作
品的嗜好再度表露出来，在阅读中往往有自己的思考、判断和评价。如对
于莎士比亚的《罗密欧与朱丽叶》，胡适在日记中评道："此书情节殊不
佳，且有甚支离之处。然佳句好词亦颇多，正如吾国之《西厢》，徒以文传
者也。"又说："此书有数处词极佳，如《初遇》、《窥艳》、《晨别》、《求
计》、《长恨》诸节是也。"[1]胡适在日记中又论《哈姆雷特》，评道："真

<hr>

[1]《胡适日记全集》（第1卷），台湾联经出版事业公司2005年版，第127页。

是佳构，然亦有疵瑕。"[1]

胡适赴美留学带了不少中国书籍，他在1910年10月致胡近仁的信中说："此行携有古籍千三百卷，惟苦暇日无多，不能细细研读，甚恐他日学殖荒落，有手生荆棘之惧也。"[2]这1300卷古籍中包括胡适在北京时二哥的朋友推荐他阅读的《十三经注疏》。虽然胡适初到美国学业压力很大，但仍注意抽出时间研习中国传统典籍，如《左传》、《诗经》、《杜诗》等。此外，胡适还借得颜真卿的《元次山碑》，坚持练字，胡适留学期间一些外文图书上题写的中文译名，颇有颜体风格。可见胡适此时自律很严，目光远大，所求不仅仅是完成学业而已。

胡适在读《十三经注疏》中《诗经》部分时，对汉代人的笺注非常不满，立下重新笺注《诗经》的宏愿，他在1911年4月13日的日记中这样写道："故余读《诗》，推翻毛传，唾弃郑笺，土苴孔疏，一以己意，为造《今笺新注》，自信此笺果成，当令《三百篇》放大光明，永永不朽，非自夸也。"后

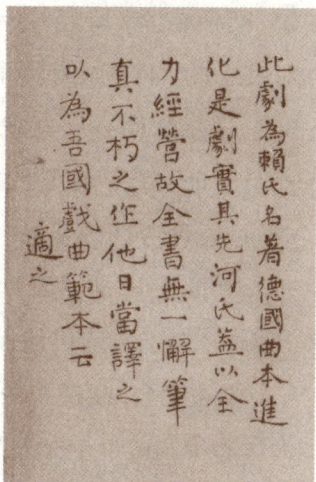

胡适对德国剧作家莱辛的《明娜传》的评论。

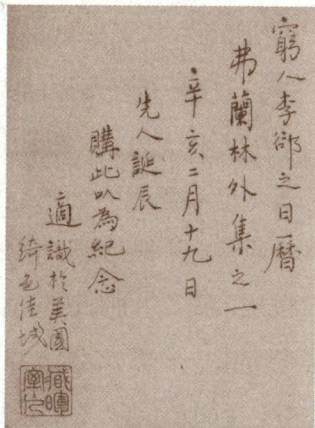

1911年2月19日，胡适购买富兰克林著作以纪念父亲生日。

---

[1]《胡适日记全集》（第1卷），台湾联经出版事业公司2005年版，第125页。

[2]《胡适全集》（第23卷），安徽教育出版社2007年版，第25页。

来,胡适在读《诗经·小雅·彤弓》的"受言藏之"、"受言橐之"等句时,对其中的"言"忽有所悟,于是作《三百篇言字解》,此后胡适又作《诗经》、《尔汝篇》、《吾我篇》。胡适《诗经今笺新注》没有作成,倒是作了几篇考证文章,尤其难能可贵的是这些考证文章都是胡适在留美期间完成的,这种考证的训练,对胡适后来的"考据癖"不无影响。

读书之外,胡适继续保持写诗的兴趣,初到美国时主要以古体诗和绝句为主,对于律诗仍然保持较排斥的态度。

学习之余,胡适积极参与校内外的一些学生团体活动。当时的康奈尔大学有中国留学生50人,有中国留学生会,胡适入校后不久就加入了留学生会,并于1911年2月在该会第一次用英文演讲。同年2月,胡适还参加了康奈尔大学的世界学生会(Cosmopolitan Club)会议。

当年的庚款留美,即美国退还部分庚子赔款,用来资助中国青年到美国留学,有其文化和商业目的。他们意识到这些未来的中国精英到美国留学,不仅是接受与中国完全不同的西方教育,而且可以深入了解美国的日常生活和文化。于是美国的基督教组织非常重视对留美中国青年在基督教生活和思想方面的宣传和影响。胡适到康奈尔大学后,初次接触基督教家庭,并得到他们的照顾和热情招待。这些家庭的成员多是康大的名教授,温文尔雅,让胡适对基督教教友留下了很好的印象,并且对其中一个分支——教友会发生了兴趣,因为教友会信奉耶稣不争和不抵抗的教导,与胡适信奉老子不争的信条不谋而合。胡适还与一些教友会的教友成为终身的朋友。

在1911年夏天,胡适差点儿就成为基督徒。这一年的6月,胡适在结束一年级的学习生活后,应邀参加了在孛可诺松林区(Pocono Pines)举办的中国基督教学生联合会与美国东部基督教学生会暑期集会。集会中有多次名人演讲,或讲解《圣经》,或讨论儒教。胡适在6月17日给朋友章希吕的信中说："适连日聆诸名人演说，又观旧日友人受耶教感化，其变化气质之功，真令人可惊。适亦有奉行耶氏之意，现尚未能真正奉行，惟日读*Bible*（《圣经》），冀有所得耳。"[1]一位叫Mercer的人的演讲，声情并茂，非常感人，自述如何在信奉基督教后痛改前非，与父亲和好如初。胡适在6月18日的日记中记道："余为堕泪。听众亦皆堕泪。会终有七人起立自愿为耶稣信徒，其一人即我也。"[2]

从胡适的日记和书信来看，胡适当时确实算是入教了，只是很快就"反悔"了。他在1919年10月写给许怡荪的信后"追记"："此书所云'遂为耶氏之徒'一层，后竟不成事实。然此书所记他们用'感情的'手段来捉人，实是真情。后来我细想此事，深恨其玩这种'把戏'，故起一种反动。"

胡适虽然后来不信基督教了，但对于《圣经》倒是常读，尤其爱读《新约》中的《四福音书》中的几篇，同时也很注意收藏《圣经》的各种版本。

结束基督教学生集会后，胡适参加了暑期学校，主要学习化学。此后的暑假以读书为主，读《荀子》、莎氏戏剧、英文小说等，参加演说会的辩论、演讲，并被推举为爱国会主笔。

9月28日，新学期开始，胡适因每天都有实验课，上午的课程也不少，担心过于劳累，故放弃两门课程，本学期所学有种果学、地质学、英文散文、化学、植物生理学等。而正是这学期种果学的一次实验课，促使胡适决定弃农学文。

据胡适后来回忆，那是上种果学的第二个星期，要实习苹果分类，每

---

[1]《胡适日记全集》（第1卷），台湾联经出版事业公司2005年版，第154页。
[2]《胡适日记全集》（第1卷），台湾联经出版事业公司2005年版，第153页。

个人的位子上有四十个不同种类的苹果、一把小刀、一本苹果分类手册，要求根据苹果的各种特征进行分类。胡适的美国同学多是农家子弟，做起来自然毫不吃力。而胡适自己和一位中国同学则被害苦了，用两个半小时的时间，只分出二十个苹果，而且多数分类是错误的。这对于不甘人后的胡适来说自然是大受刺激，当天晚上他对自己的学农选择进行了反思："中国连苹果种子都没有，我学它有什么用处？自己的性情不相近，干么学这个？"[1]这时的胡适正选修英国文学、哲学史等课程，随着眼界的开阔，发现自己对哲学史、政治史、文学等方面的兴趣越来越大，于是毅然决定放弃已经学了一年半的农学。如果胡适坚持学农，中国可能会多一个农学家，却少了一个在现代思想文化学术领域居于中心地位的人物。因此，胡适的这个选择不仅改变了他个人的人生发展轨迹，而且也对后来的中国现代思想史、文化史、学术史产生了深远影响。胡适的这个经历，使他后来一直主张学生选择专业要从自己的兴趣和禀赋出发，不要以社会时尚为标准。胡适自己后来总结说："我一生很快乐，因为我没有依社会需要的标准去学时髦。我服从了自己的个性，根据个人的兴趣所在去做。"[2]

在1912年春，胡适改入康奈尔大学文学院，此后开始与赵元任相熟，并成为终身的好友。据胡适1912年所写的日记，当年秋季学期所学有哲学史、美术哲学、伦理学、中国史、美术史、美国政治、美国政党等课程。其时适逢美国大选，奥兹（Samuel P. Orth）教授讲授的美国政治和美国政党专题课引起了胡适的兴趣。奥兹教授要求每个学生订三种分别支持三

---

[1]《中学生的修养与择业》，转引自胡颂平编著：《胡适之先生年谱长编初稿》（第1卷），台湾联经出版事业公司1984年版，第123~124页。

[2]《中学生的修养与择业》，转引自胡颂平编著：《胡适之先生年谱长编初稿》（第1卷），台湾联经出版事业公司1984年版，第126页。

位竞选人的报纸，关注大选经过，认定一个候选人作为自己支持的对象。同时奥兹教授要求学生参加绮色佳举行的每一个政治集会。胡适自己还在学校的世界学生会餐厅发起选举总统的"游戏投票"，并对选举结果进行了统计分析。就这样，奥兹教授的课和美国大选培养了胡适对美国政治的兴趣，并促使他去研究美国的政治体制。这些都对后来胡适对中国政府和政治的关心，产生了决定性的影响。

胡适到美国后对演讲发生兴趣，到1912年已经多次公开演讲。这一年暑期，他选修了一门训练演讲的课程。胡适记得，虽然之前有过多次公开演讲的经验，但课堂上自己第一次被叫上台演讲时，仍然紧张得浑身发冷发颤，必须扶着讲台才能讲话。后来主讲教授在第二次叫胡适上台时，把讲台搬走了，慢慢地，胡适忘记了紧张。经过训练之后，胡适更是东奔西走地演讲，乐此不疲，养成了他一生对演讲的爱好。胡适认为，学生期间的演讲训练对自己大有裨益，既可以强迫自己对讲题作系统和合乎逻辑的构思和陈述，又可以训练自己的写作能力。

胡适自大二起，即住进学校新建的世界学生会的宿舍，直到1914年夏天。这三年当中，胡适与各国留学生接触，了解各国文化习俗，同时由于加入康大的世界学生会，慢慢形成了自己的世界主义思想。他在1913年初的演讲中阐述了自己的世界观念，认为这种世界主义不同于古代哲学家只有世界没有国家的观念，而是"爱国主义而柔之以人道主义"。

1913年夏，胡适修完了文学院的课程，但根据大学的规定，需要在校8学期，因此胡适仍留在校中学习。

同年10月8日，康大世界学生会召开议事会，胡适任主席，得以亲身体验议会议事程序的主要精髓，此后胡适又旁听绮色佳城公民议会，由此对西方的民主政治有所认识。

这一年，胡适与赵元任、胡明复三位中国留学生一同当选为"Phi Beta

Kappa"（斐陶斐荣誉学会，即美国大学优等生之荣誉学会）会员，这件事被当地报纸报道，轰动一时。

胡适虽然身在海外，但对于国内的政治文化大事仍十分关注，对于国内以孔教为国教的倡议，胡适在1914年初的日记中说："近来余颇以此事萦心。"他在回复好友许怡荪的信中提出了诸如"立国究须宗教否"、"中国究须宗教否"、"如须有宗教，则以何教为宜"、"如复兴孔教，究竟何者是孔教"等层层推进的八大问题。[1]后来胡适看到北洋政府"政治会议"通过大总统郊天祀孔法案的报道，评论说："此种政策可谓舍本逐末，天下本无事，庸人自扰之耳。"[2]

胡适留美四年后，对于身边留学生暴露出的不足、晚清民国初年中国

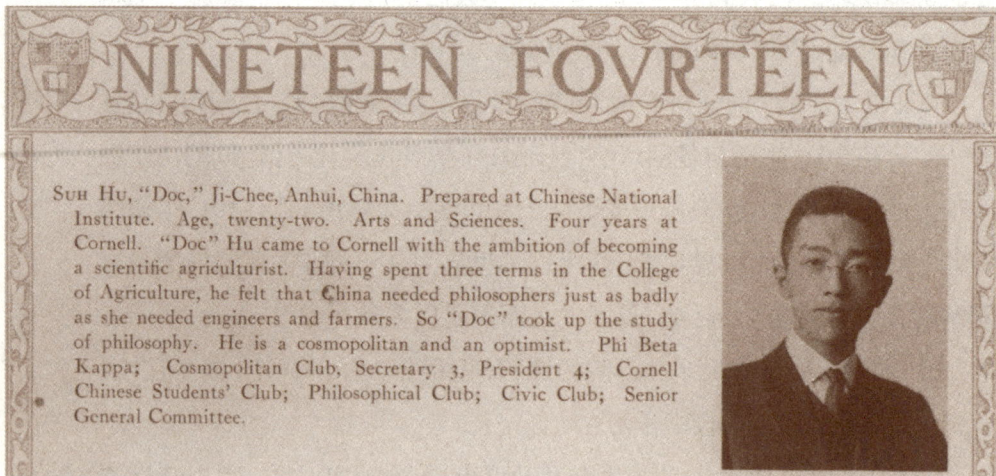

NINETEEN FOVRTEEN

SUH HU, "Doc," Ji-Chee, Anhui, China. Prepared at Chinese National Institute. Age, twenty-two. Arts and Sciences. Four years at Cornell. "Doc" Hu came to Cornell with the ambition of becoming a scientific agriculturist. Having spent three terms in the College of Agriculture, he felt that China needed philosophers just as badly as she needed engineers and farmers. So "Doc" took up the study of philosophy. He is a cosmopolitan and an optimist. Phi Beta Kappa; Cosmopolitan Club, Secretary 3, President 4; Cornell Chinese Students' Club; Philosophical Club; Civic Club; Senior General Committee.

1914年康奈尔大学毕业年刊中的胡适。

[1]《胡适日记全集》（第1卷），台湾联经出版事业公司2005年版，第256~257页。
[2]《胡适日记全集》（第1卷），台湾联经出版事业公司2005年版，第283页。

这是我1914年的照相。

适

胡适1914年留影。

政府留学政策的弊端，以及中国究竟应该向西方人学习什么、留学生的主要职责等等都有了非常深刻的思考。1914年1月，胡适在《留美学生年报》第三年本上发表了洋洋万余言的《非留学篇》。这一长文振聋发聩，不仅体现了胡适在留学问题上的远见卓识，而且反复强调输入新思想、贯通东西、再造神州新文明的重要意义，这其实也是胡适自己的期许和理想所在。

《非留学篇》开篇即说："吾欲正告吾父老伯叔昆弟姐妹曰：留学者，吾国之大耻也！留学者，过渡之舟楫而非敲门之砖也；留学者，废时伤财事倍功半者也；留学者，救急之计而非久远之图也。"[1]逐一论说之后，

---

[1] 欧阳哲生编：《胡适文集》（第9卷），北京大学出版社1998年版，第668页。

胡适总结说："要而言之，则一国之派遣留学，当以输入新思想为己国造新文明为目的。浅而言之，则留学者之目的在于使后来学子可不必留学，而可收留学之效。是故留学之政策，必以不留学为目的。"[1] 胡适将中国留学成效与日本相对比，指出中国留学政策之失败。接着胡适指出了留学政策失败的原因：一是政府教育方针的舛误；二是留学生志趣的卑下。前者的谬误在于"不知振兴国内教育，而惟知派遣留学"，而后者则表现为苟且速成、重实业而轻文科、不讲求祖国文字学术。由于不重视祖国的文字学术，必然造成丧失自己文化的自尊心，不能输入传播西方文明等流弊。基于上述讨论，胡适认为，在中国仍处于过渡时期的情况下，留学不可废弃，唯一的解决办法是改革教育方针，指出"今日教育之唯一方针，在于为吾国造一新文明"，而"教育方针既定，则留学之办法亦不可不变"。[2] 关于改良留学方法，胡适认为，首先须认定留学乃是救急之图，而非久长之计。长久之计在于振兴国内的高等教育，其策略有二："一曰慎选留学，所以挽救今日留学政策之失也；二曰增设大学，所以增进国内之高等教育为他日不留学计也。"[3] 随后胡适逐条加以详细论述。在增设国内大学一项，胡适指出："国内之大学，乃一国学术文明之中心；无大学，则输入之文明，皆如舶来之入口货，一入口立即销售无余，终无继长增高之望。"此下详述国家大学、省立大学、私立大学，以及专科学校之组织。总而言之，《非留学篇》既有流弊的直陈，更有改良方法的条述，层层递进，说理充分。最后，胡适总结说："吾国今日处新旧过渡青黄不接之秋，第一急务，在于为中国造新文明，然徒恃留学，决不能达此目的也。必也一面亟兴国内之高等教育，俾固有之文明，得有所积聚而保存，

[1]欧阳哲生编：《胡适文集》（第9卷），北京大学出版社1998年版，第668页。
[2]欧阳哲生编：《胡适文集》（第9卷），北京大学出版社1998年版，第675页。
[3]欧阳哲生编：《胡适文集》（第9卷），北京大学出版社1998年版，第676页。

而输入之文明，亦有所依归而同化，一面慎选留学生，痛革其速成浅尝之弊，期于造成高深之学者，致用之人才，与夫传播文明之教师。以国内教育为主，而以国外留学为振兴国内教育之预备，然后吾国文明乃可急起直追，有与世界各国并驾齐驱之一日，吾所谓'留学当以不留学为目的'者是也。"[1] 由此我们可以发现，胡适后来提出的"研究问题、输入学理、整理国故、再造文明"的主张，在这时已经大致形成。

此时的胡适以输入西方文化、再造神州文明为己任，开始思索国内思想文化建设需要借鉴西方哪些方面，并注意着手准备。他在1914年1月25日的日记中说："今日吾国之急需，不在新奇之学说，高深之哲理，而在所以求学论事观物经国之术。以吾所见言之，有三术焉，皆起死之神丹也：一曰归纳的理论，二曰历史的眼光，三曰进化的观念。"[2] 胡适在1月25日的日记中又写道："近来所关心之问题，如下所列：一、泰西之考据学，二、致用哲学，三、天赋人权说之沿革。"[3] 胡适在潜心吸收西方学术文化精华的同时，仍不忘中国传统文化的温故知新，在给母亲的家信中曾要求将家里书箱中的《楚辞集注》和《墨子》寄到美国，后托人在上海办妥。这也是他对当时留学生中普遍"不讲求祖国文字学术"现象的反动。

同年2月，胡适获得学士学位，夏季始穿上学士服，与6月份毕业的同学一同举行毕业仪式。此时的胡适针对留学生"苟且速成"的流弊，决定继续潜心读书，拿到博士学位。他在1914年农历五月十一日给母亲的信中说："惟仍须留此一年，可得硕士学位，然后迁至他校，再留二年，可得博士学位。"[4] 他在给未婚妻江冬秀的信中除了一再劝她读书识字和放足

[1]欧阳哲生编：《胡适文集》（第9卷），北京大学出版社1998年版，第684页。
[2]《胡适日记全集》（第1卷），台湾联经出版事业公司2005年版，第262~263页。
[3]《胡适日记全集》（第1卷），台湾联经出版事业公司2005年版，第262~263页。
[4]《胡适全集》（第23卷），安徽教育出版社2007年版，第53页。

胡适室中读书。

外，也说明自己希望珍惜留学机会，拿到博士学位再回国，并对自己一再延误婚期表示歉意。

此年胡适演讲也相当活跃，他在给母亲的信中说："儿在此演说颇有名，故不时有人招请演说。演说愈多，功夫愈有长进，儿故乐此不疲也。"

本年胡适曾演说中国婚姻制度得失；为康大基督教青年会主讲三题：中国古代之国教、孔教、道教；在康大世界学生会作题为"世界和平及种族界限"会长卸职演说；在世界学生会夏季欢迎会上演讲《大同主义》。

1914年7月28日一战爆发，同年11月，日本借机强占青岛，这些重大事件都引起胡适对世界主义、和平主义和不抵抗主义的进一步思考，这一时期胡适还深受讷司密斯博士（George W. Nasmyth）、莫茨博士（John Mez）等和平主义朋友的影响。胡适读了 T. H. Green 的《伦理学发凡》，觉得其中一篇《公益范围之推广》与自己最近的想法颇吻合。胡适此前曾有《人群之推广》演讲，主张"自一家而至一族一乡，自一乡而至一邑一国，今人至于国而止，不知国之外更有人类，更有世界，稍进一步，即跻大同之域。至国界而止，是自画也。"[1] 此说也与胡适颇为推崇的葛得宏·斯密斯（Goldwin Smith）所说"万国之上犹有人类在"的名言非常近似。到了1915年，胡适在参加1月的康大世界学生会十周年庆典和6月的国际政策讨论会时，与讷司密斯博士、莫茨博士及其他一些当时和平主义的著名人物继续交流讨论，并拜访了哈佛著名和平主义者米得先生（Edwin M. Mead），结交了《不争主义之道德》的作者普耳（Frederick J. Pohl），胡适的和平主义和不抵抗主义的信仰基本形成。

1914年，胡适与本校地质学教授韦莲司次女韦莲司女士（Edith Clifford Williams）交往甚密，畅谈人生与哲理，并成为终生好友。胡适在日记中这样评价韦莲司："极能思想，读书甚多，高洁几近狂狷。"[2] 一战爆发后，韦莲司主动申请参加红十字救援，但因缺乏救护经验没有被接受，感到很愤懑，胡适用歌德"每遇政界有大事震荡心目，则黾勉致力

[1]《胡适日记全集》（第1卷），台湾联经出版事业公司2005年版，第526页。
[2]《胡适日记全集》（第1卷），台湾联经出版事业公司2005年版，第517页。

于一种绝不相关此事之学问以收吾心"为她排解,认为人生效力世界,应该有分工的不同,不一定非要参与战争或救护才是对社会有贡献。1915年1月23日,胡适在纽约拜访韦莲司,告诉她自己决心主张不抵抗主义,投身世界和平诸团体,得到韦莲司的赞赏、支持与鼓励。胡适称赞韦莲司:"见地之高,诚非寻常女子所可望其肩背。余所见女子多矣,其真能具思想、识力、魄力、热诚于一身者惟一人耳。"[1]不久,在面对日本提出独占中国的"二十一条"这一重大事件时,胡适坚持不抵抗主义立场和歌德遇重大事件的"镇静功夫"。当时中国留美学生听到日本提出独占中国的"二十一条"这一消息后群情激愤,通过《留美学生月报》号召对日作战。此刻的胡适却表现出异乎寻常的冷静,他在月报上给全体留美学生写了一封公开信,认为同学们的这些激烈反应简直是发了"爱国癫",在这种时刻冲动毫无用处,远隔重洋的留学生的当务之急是保持冷静,尽自己的责任,也就是读书学习,充实自己,为祖国将来的发展做准备。如果不顾现实中日力量的对比,一味主战,必将导致毁灭。胡适的公开信遭到很多留美学生的反驳和攻击,但他认为自己不是"好立异以为高",而是经过认真的思考,坚持不苟同于流俗,不随波逐流,不人云亦云。胡适的这种不抵抗哲学也是他在抗战全面爆发之前对日的主张,以及他处理学生运动的一贯的依据。

1914年,胡适仍为家里的经济问题困扰,他在给母亲的家信中说:"夏间,儿或能以文字卖钱,惟不可必耳。……明年决计不任外事,一意读书著书。"本年胡适曾译法国都德短篇小说《柏林之围》,寄给《甲寅》,之前曾译都德的《最后一课》,改名《割地》,发表于《大共和》。

同年胡适组织或参与学生社团活动仍很活跃。胡适发起成立读书

---

[1]《胡适日记全集》(第2卷),台湾联经出版事业公司2005年版,第18页。

会，会员每周至少读一部英文文学书，每周末聚集讨论，会员有任鸿隽、梅光迪等；胡适又与赵元任、胡达、秉志、杨铨、任鸿隽等发起成立科学社，拟发行《科学》月刊，以"提倡科学，鼓吹实业，审定名词，传播知识"为宗旨。同年9月，胡适参加本年度东美中国学生年会，并被推举为次年英文《留美学生月报》主笔，会后游波士顿图书馆、美术馆、哈佛大学等处。

同年5月，胡适所作《论英诗人卜朗吟之乐观主义》获得康大"卜朗吟奖赏征文"奖，得50美元奖金。胡适以外国留学生身份获英文征文奖，令人称奇，当地报纸在显著位置对此予以报道，胡适自认为："此等荣誉，果足为吾国学生界争一毫面子，则亦'执笔报国'之一端也。"[1]胡适在给母亲的家书中也报告了这一喜讯。

1915年，胡适在求学之余，继续思考中国再造文明急需做的事情和自己应做的准备以及将来的打算。1月20日，胡适到哈佛与郑莱等朋友讨论一些国内教育文化建设的重要问题，包括设立国立大学，建立公共藏书楼博物院，设立学位，舆论家对于中国的重要性等。胡适认为理想的舆论家应该深知中国史事时势，深知世界史事时势，具有远见卓识，具有公心，不以私见夺真理。

设立国立大学和建藏书楼是胡适在《非留学篇》中提出的主张，也是胡适此后一直难以忘怀的问题。是年2月，胡适与英文教授亚丹先生（Prof. J. Q. Adams, Jr.）讨论国立大学的重要，他在日记中感慨："吾他日能生见中国有一国家的大学可比此邦之哈佛、英国之康桥、牛津，德之柏林，法之巴黎，吾死瞑目矣。嗟夫！世安可容无大学之四百万方里四万万

---

[1]《胡适日记全集》（第1卷），台湾联经出版事业公司2005年版，第308页。

人口之大国乎! 世安可容无大学之国乎!"[1] 3月8日, 胡适在日记中写下自己的理想: "吾归国后, 每至一地, 必提倡一公共藏书楼。在里则将建绩溪阅书社, 在外则将建皖南藏书楼、安徽藏书楼。然后推而广之, 乃提倡一中华民国国立藏书楼, 以比英之British Museum, 法之Bibliotheque National, 美之Library of Congress, 亦报国之一端也。"[2] 使中国的教育文化与世界强国并驾齐驱是胡适的伟大梦想。同日, 他在日记中说: "梦想作大事业, 人或笑之, 以为无益。其实不然。天下多少事业, 皆起于一二人之梦想。今日大患, 在于无梦想之人耳。"[3]

胡适一直赞成女子受教育, 曾多次鼓励江冬秀读书识字, 他认为女子受教育主要是为将来做贤妻良母和家庭教育做准备。但是在与韦莲司深入交往之后, 胡适的女子教育思想有了很大的变化, 他说: "今始知女子教育之最上目的乃在造成一种能自由能独立之女子, 国有能自由能独立之女子, 然后可以增进其国人之道德, 高尚其人格。盖女子有一种感化力, 善用之可以振衰起懦, 可以化民成俗, 爱国者不可不知所以保存发扬之, 不可不知所以因势利用之。"[4]

1915年, 胡适母亲再次催促他回国完婚。胡适在10月3日的家书中表示: "儿决不为儿女婚姻之私, 而误我学问之大; 亦不为此邦友朋之乐, 起居之适, 而忘祖国与故乡。"[5]

胡适既以再造神州文明为己任, 于是自律更严, 他在1916年2月18日的日记中记载: "任重道远, 不可不早为之计: 第一, 须有健全之身体; 第

[1]《胡适日记全集》(第2卷), 台湾联经出版事业公司2005年版, 第50~51页。
[2]《胡适日记全集》(第2卷), 台湾联经出版事业公司2005年版, 第66~67页。
[3]《胡适日记全集》(第2卷), 台湾联经出版事业公司2005年版, 第67页。
[4]《胡适日记全集》(第2卷), 台湾联经出版事业公司2005年版, 第245页。
[5]《胡适全集》(第23卷), 安徽教育出版社2007年版, 第91页。

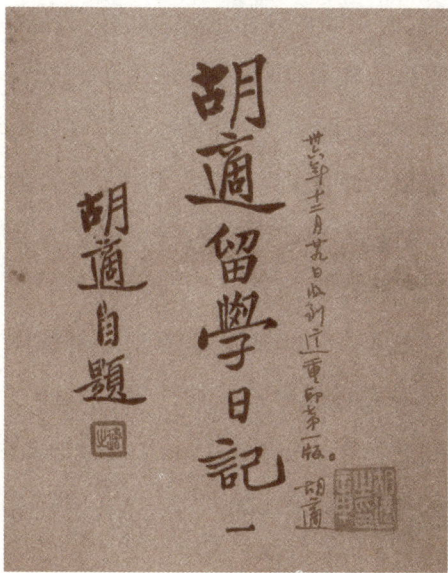

胡适后来整理出版的留学日记封面。

二,须有不挠不屈之精神;第三,须有博大高深之学问。"[1]

　　此时的胡适常常思考学问的博与精,以及自己博而不精的问题。他在1916年2月3日的日记中说:"学问之道两面而已:一曰广大(博),一曰高深(精),两者须相辅而行。务精者每失之隘,务博者每失之浅,其失一也。余失之浅者也,不可不以高深矫正之。"[2]胡适对自己务求广博而失之肤浅的原因进行了反思,并决定主攻中西哲学。他在5月28日的日记中记载:"吾生平大过,在于求博而不务精。盖吾返观国势,每以为今日祖国事事需人,吾不可不周知博览,以为他日为国人导师之预备。不知此谬想也。吾读书十余年,乃犹不明分功易事之义乎?吾生精力有限,不能万知而万

[1]《胡适日记全集》(第2卷),台湾联经出版事业公司2005年版,第49页。
[2]《胡适日记全集》(第2卷),台湾联经出版事业公司2005年版,第28~29页。

能。吾所贡献于社会者，惟在吾所择业耳。吾之天职，吾对于社会之责任，唯在于竭吾所能，为吾所能为。吾所不能，人其舍诸？自今以往，当屏绝万事，专治哲学，中西兼治。"[1] 在这里，胡适还坦承将来做"国人导师"的抱负。胡适在后来致《甲寅》编者的信中对于自己的所学已经明确说道："适在此邦，所专治者伦理、哲学，稍稍旁及政治、文学、历史及国际法，以广胸襟而已。"[2]

　　是年袁世凯复辟帝制，8月18日胡适作 *The China and Democracy* 来反对袁世凯复辟及古德诺（Frank J. Goodnow）赞成复辟的言论。8月29日胡适又作 *Goodnow and Chinese Reactionism* 来反对古德诺称中国人没有共和之程度的说法。

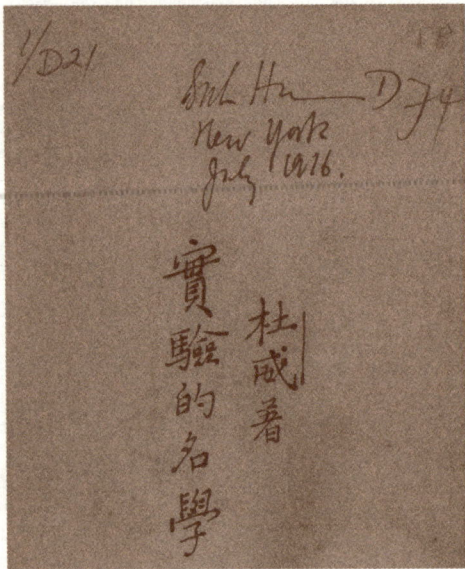

1916年胡适读杜威所著《实验的名学》。

[1]《胡适日记全集》（第2卷），台湾联经出版事业公司2005年版，第121页。
[2]《胡适全集》（第23卷），安徽教育出版社2007年版，第82页。

1915年夏，胡适在康大的奖学金被停止，于是他考虑转学哥伦比亚大学，投在实验主义大师杜威门下。胡适后来在《藏晖室劄记》的《自序》中说："我在一九一五年的暑假中，发愤尽读杜威先生的著作，做了详细的英文提要，……从此以后，实验主义成了我的生活和思想的一个向导，成了我自己的哲学基础。"[1]然而从现存北大图书馆的胡适藏书来看，可以确定为胡适1915年及以前阅读批注的杜威著作仅有1908年杜威与他人合著的《伦理学》一种，因此胡适后来说的"发愤尽读"或许不全为实情。

是年夏天，胡适的朋友梅光迪从西北大学毕业，在转往哈佛大学读书之前，到绮色佳度暑假，于是胡适与梅光迪、任鸿隽、杨铨、唐钺等留学生经常在一起讨论中国文学问题，其中最守旧的是梅光迪，他坚决不承认中国古文是半死或者已死的文字。暑假过后，梅光迪要到哈佛大学读书去了，临行前，胡适作了一首长诗送他，其中有很大胆的宣言："梅生梅生毋自鄙! 神州文学久枯馁，百年未有健者起。新潮之来不可止; 文学革命其时矣! 吾辈势不容坐视。且复号召二三子，革命军前杖马箠，鞭笞驱除一车鬼，再拜迎入新世纪! 以此报国未云菲: 缩地裁天差可儗。"[2]这是胡适首次提出"文学革命"的口号，在朋友中间引起了一些反对的声音，任鸿隽因为胡适在这首诗中用了不少外国字的音译，写了一首游戏诗，末句是"文学今革命，作歌送胡生"，以示对"文学革命"这个口号不以为然。

胡适因要转学哥伦比亚大学，也要离开绮色佳，于是跟任鸿隽、杨铨等朋友有诗词唱和。他在给任鸿隽的诗中有"寄此学者可千人，我诗君文两无敌"之句，可见他对自己作诗还是有些自负的。任鸿隽的游戏诗让胡适对文学革命的具体问题有了些思考，9月20日，胡适告别绮色佳，在车

---

[1]《藏晖室劄记》自序第5页，上海；亚东图书馆，1939。
[2]《中国新文学运动小史·逼上梁山》，欧阳哲生编：《胡适文集》（第1卷），北京大学出版社1998年版，第144～145页。

上他用任鸿隽游戏诗的韵脚,写了一首很庄重的答诗,寄给绮色佳的朋友们:"诗国革命何自始?要须作诗如作文。琢镂粉饰丧元气,貌似未必诗之纯。小人行文颇大胆,诸公一一皆人英。愿共僇力莫相笑,我辈不作腐儒生。"[1]

胡适依依不舍地离开了"第二故乡"绮色佳,自谓:"此五年之岁月,在吾生为最有关系之时代。其间所交朋友,所受待遇,所结人士,所得感遇,所得阅历,所求学问,皆吾所自为,与自外来之梓桑观念不可同日而语。其影响将来之行实,亦当较儿时阅历更大。"[2]

因为胡适、梅光迪都到了新的学校,忙于功课,所以关于文学革命的争论也暂时告一段落。

到了1916年初,胡适与梅光迪、任鸿隽等朋友关于文学革命的争论再度展开。2月,胡适在给梅光迪的信中阐发自己"诗界革命何自始,要须作诗如作文"之意,认为当时文学的最大弊端在于有文无质,要除此弊病,需要从三件事情入手:第一要言之有物;第二要讲究文法;第三作诗要不避"文之文字"。而梅光迪在回信中则坚持认为"文之文字"与"诗之文字"截然两途。

4月5日,胡适忽有所悟,中国的文学革命并非自己的创见,文学史上诗、文体裁的交替演变即是文学革命,而这种革命"到元代而登峰造极。其时,词也,曲也,剧本也,小说也,皆第一流之文学,而皆以俚语为之。其时吾国真可谓有一种'活文学'出世。……惜乎五百余年来,半死之古文,半死之诗词,复夺此'活文学'之席,而'半死文学'遂苟延残喘,以至于今日"。[3]至此,胡适认识到"中国今日需要的文学革命是用白话替

---

[1]《胡适日记全集》(第2卷),台湾联经出版事业公司2005年版,第232页。

[2]《胡适日记全集》(第2卷),台湾联经出版事业公司2005年版,第231~232页。

[3]《胡适日记全集》(第2卷),台湾联经出版事业公司2005年版,第295页。

代古文的革命，是用活的工具替代死的工具的革命"。[1]他在日记中说："适每谓吾国'活文学'仅有宋人语录，元人杂剧院本，章回小说，及元以来之剧本，小说而已。吾辈有志文学者，当从此处下手。"[2]

找到文学革命关键的胡适雄心勃勃，在4月13日作《沁园春·誓词》，其下阕有"文章革命何疑！且准备搴旗作健儿。要前空千古，下开百世，收他臭腐，还我神奇。为大中华，造新文学，此业吾曹欲让谁"等句，可谓慷慨激昂，豪情万丈。也许是觉得这些词句太过自负，有些狂妄，胡适随后三次对下阕进行了修改，把纠正自己指出的国内文学的三大弊病"无病而呻"、"摹仿古人"、"言之无物"写入词中："文章贵有神思。到琢句雕词意已卑。更文不师韩，诗休学杜，但求似我，何效人为？语必由衷，言须有物，此意寻常当告谁？"最后胡适自誓："从今后，倘傍人门户，不是男儿。"[3]

当年6月，胡适去克利夫兰参加第二次国际关系讨论会，途经绮色佳时住了八天，拜访了康大老友，与任鸿隽、杨铨、唐钺讨论文学改良的具体办法，胡适力主用白话作文、作诗、作戏曲、写小说。他的根据是：文言是一种半死的文字，而白话是一种活的语言；白话并不鄙俗，相反因为能达意，非常优美适用；文言的长处，白话都有，反之则不然；白话不是文言的退化，而是文言的进化；白话可产生第一流文学，白话的文学为中国千年来仅有之文学；文言的文字可读而听不懂，白话的文字既可读又听得懂。凡演说、讲学、笔记，文言决不能应用。今日所需，乃是一种可读、可听、可歌、可讲、可记的言语。

---

[1]《中国新文学运动小史·逼上梁山》，欧阳哲生编：《胡适文集》（第1卷），北京大学出版社1998年版，第147页。
[2]《胡适日记全集》（第2卷），台湾联经出版事业公司2005年版，第327页。
[3]《胡适日记全集》（第2卷），台湾联经出版事业公司2005年版，第312页、第318页。

　　胡适的一番慷慨陈词很有说服力,以至于号称留学生中"第一古文家"的任鸿隽也决定用白话作科学社年会演说稿,让胡适兴奋不已。

　　然而,胡适要推翻文言古雅、白话鄙俗这种根深蒂固的传统观念远非如此简单。胡适参加完国际关系讨论会后,回纽约的途中再次到绮色佳时,恰好老对手梅光迪也在,他对胡适的"活文学"说大加攻击。

　　胡适回纽约后,任鸿隽因为一次跟朋友游湖发生翻船事故,写了一首《泛湖》四言诗。正是这首诗,引起了胡适与朋友关于白话能否入诗的激烈争论,并迫使胡适开始尝试创作白话诗。

　　原来胡适看了任鸿隽的四言诗,不甚满意,认为中间覆舟一段皆前人写江海大风浪的套语,未免小题大做。梅光迪看了胡适的评论后,替任鸿隽抱不平,认为文学革新不一定非要用白话代替古人文字。

　　于是胡适作了一首白话长诗,作为对梅光迪的回应。这首白话诗遭到了梅光迪和任鸿隽的否定,他们都认为这首诗不成功,白话不适合写诗。为此胡适给任鸿隽写了三千多字的长信,详加辩解讨论。

　　胡适认为光讨论是不够的,开始认真尝试作白话诗,于是他被"逼上梁山"了。9月3日,胡适作《尝试歌》,表明自己尝试作白话诗的决心:"尝试成功自古无",放翁这话未必是。我今为下一转语:"自古成功在尝试!"[1]

　　8月23日,胡适看到窗外的两只黄蝴蝶,偶有所感,写下了一首白话诗:

　　　两个黄蝴蝶,双双飞上天。

　　　不知为什么,一个忽飞还。

---

　　[1]《胡适日记全集》(第2卷),台湾联经出版事业公司2005年版,第413页。

剩下那一个，孤单怪可怜。

也无心上天，天上太孤单。

这一年的6月，胡适在中国公学时的同学朱经农到了美国，不久也加入反对白话诗的行列，这时支持胡适的只有后来成为任鸿隽妻子的陈衡哲。然而胡适并不气馁，不再笔战，而是坚持尝试，慢慢地他写的《黄蝴蝶》、《尝试》、《他》、《赠经农》四首白话诗得到朱经农、任鸿隽、杨铨等人的赞赏，并且朱经农也开始作白话诗了。

白话作诗只是胡适新文学主张的一部分，是年8月，胡适在给朱经农的信中总结了自己关于新文学的八个条件。他说，"新文学之要点，约有八事"：

不用典。

不用陈套语。

不讲对仗。

不避俗字俗语。（不嫌以白话作诗词）

须讲求文法。

——以上为形式方面。

不作无病之呻吟。

不摹仿古人。

须言之有物。

——以上为精神（内容）的方面。[1]

---

[1]《胡适日记全集》（第2卷），台湾联经出版事业公司2005年版，第399~400页。

10月，胡适在给陈独秀的信中提出了"文学革命八条件"，不久写就《文学改良刍议》，分投《留美学生季刊》和《新青年》。在这篇文章中，八条件的次序与先前有所不同，"不避俗字俗语"移至最后，这其实是胡适很郑重地提出白话文学的主张。这篇文字的篇名胡适没有用自己之前提出的"文学革命"，而是用了"文学改良"，避免过于咄咄逼人。之后陈独秀在《新青年》上发表了《文学革命论》，正式祭起"文学革命"的大旗。"文学革命"借助《新青年》，由胡适和陈独秀等人不断鼓吹，迅速席卷神州大地，胡适也因此"暴得大名"。

1916年9月出版的《新青年》第二卷第一号。该期杂志刊载了胡适的译作《决斗》，这是胡适在《新青年》上最早发表的作品。

是年，胡适除了思考辩论文学革命，以"国人导师"自任的胡适还进一步思考将来国内的教育问题。1月25日，胡适在写给好友许怡荪的信中认为，真正的救国之道在于"为祖国造不能亡之因"，而具体的"造因之道"，则"首在树人；树人之道，端赖教育。故适近来别无奢望，但求归国后能以一张苦口，一支秃笔，从事于社会教育，以为百年树人之计：如是而已"。[1] 3月，他在读过哈佛大学前校长、《哈佛经典丛书》主编伊丽鹗（Charles W. Eliot）的《论教育应该注重官能训练》后，深有同感，指出："吾国旧教育之大病，在于放弃官能之教练，诵读习字之外，他无所授。""教育之宗旨在发展人身所固有之材性。目之于视，耳之于听，口之于言，声之于歌，手之于众技，其为天赋不可放弃之材性一也。岂可一概视为小道而听其荒芜残废哉？"[2]

讨论文学革命，思考救国之道，难免消耗胡适很多精力。据他自己统计，是年书信往来方面，共收信1210封，寄出1004封信。

到哥伦比亚大学后，胡适于1915年11月通过博士资格考试的"初试"，到1916年即开始准备博士论文。胡适的兴趣在先秦诸子，国内的朋友也为胡适收集资料，抄录相关书籍。胡适还于6月借回绮色佳之机向康大的孛尔先生（George Lincoln Burr）请教历史考据学问题。胡适在5月10日给母亲的家书中说自己的博士论文已经"略有端绪"，暑假中会集中全力争取完成草稿。而9月27日胡适的家书上则说博士论文暑假只"约成四分之一"，可见学业以外的事情消耗了胡适不少精力。

是年，胡适在国学方面也得到不少训练，曾作《尔汝篇》、《吾我篇》，又在日记中讨论训诂、校勘之学，论古文经学家治经不足取。

---

[1]《胡适日记全集》（第2卷），台湾联经出版事业公司2005年版，第267~268页。
[2]《胡适日记全集》（第2卷），台湾联经出版事业公司2005年版，第286~287页。

1917年归国前夕，胡适送给康大老师白特生的照片。

　　大致从1916年8月到1917年5月，胡适的主要精力在完成博士论文上，通过大考，顺利毕业。他在1917年4月19日的家书中说："这几年内，因在国外，不在国内政潮之中，故颇能读书求学问。即此一事，已足满意，学位乃是末事耳。但既已来此，亦不得不应大考以了一事而已。"[1]4月27日，胡适完成博士论文《中国古代哲学方法之进化史》（*A Study of the Development of Logical Method in Ancient China*），5月3日打印上交。5月22日，胡适通过两个半小时的博士学位最后口试，"七年留学生活，于此作一结束"。这年年初，胡适归国后的工作也基本确定，当时陈独秀在给他的信中报告了一个好消息：蔡元培先生接任北大校长，邀陈独秀任文科学长，"弟荐足下以代，此时无人，弟暂充乏。子民先生盼足下早日回国，即不愿任学长，校中哲学、文学教授俱乏上选，足下来此亦可担任。学长月薪三百元，重要教授亦有此数"。[2]

　　1917年1月，《文学改良刍议》在《新青年》第二卷第五号上发表，得到北大教授钱玄同的响应，在2月的《新青年》第二卷第六号上，刊载了钱玄同写给陈独秀的信，内中说："顷见胡适之先生《文学刍议》，极为佩服，其斥骈文不通之句，及主张白话体文学之说最精辟。……惟选学妖孽，桐城谬见，见此尤不知若何咒骂，虽然，得此辈多咒骂一声，便是价值增加一分也。"[3]果然如钱玄同所料，著名古文家林纾2月8日在上海《国民日报》上发表《论古文之不当废》进行反击。5月1日《新青年》第三卷第三号发表了胡适致陈独秀的信，胡适在信中反驳说："林先生为古文大家，而其论'古文之不当废'，'乃不能道其所以然'，则古文之当废，不亦既明

[1]《胡适全集》（第23卷），安徽教育出版社2007年版，第121页。
[2]《胡适往来书信选》（上册），中华书局1979年版，第6页。
[3]转引自胡颂平编著：《胡适之先生年谱长编初稿》（第1卷），台湾联经出版事业公司1984年版，第276页。

且显耶?"

1917年上半年是胡适留美的最后半年,除了准备论文和学位考试外,胡适继续尝试作白话诗词,并填《沁园春》词为俄国革命欢呼。此外,胡适还留意清代汉学家的治学方法,作《论九流出于王官说之谬》。临行前,胡适作《朋友篇》、《文学篇》长诗寄予友人,赠别朋友。

5月30日,胡适向导师杜威辞行。在哥伦比亚大学的两年学习中,杜威无疑是对胡适影响最大的老师,胡适选修了杜威的"论理学之宗派"和"社会政治哲学"两门课,胡适非常喜欢"论理学宗派"这门课,并由此课启发确定了博士论文题目。从现存北京大学图书馆的胡适藏书看,胡适在哥伦比亚大学期间阅读的杜威著作主要有: *Schools of To-Morrow*, *Essays in Experimental Logic*, *Democracy and Education*, *Creative Intelligence: Essays in the Pragmatic Attitude*。胡适认为杜威对自己"其后一生的文化生命""有决定性的影响"。在哥伦比亚大学期间对胡适影响较大的还有夏德教授和厄德诺教授。胡适选修了夏德的汉学课作为辅修,并对厄德诺以道德为基础的无神宗教非常折服。

6月9日,胡适离开纽约,10日到绮色佳告别师友,14日离开绮色佳,20日到温哥华,21日登上日本"皇后号"航船,开始了漫长的海上归国旅程。

是年3月8日,胡适偶然读到荷马史诗中的一句: You shall know the difference now that we are back again.(如今我们已回来,你们请看分晓罢。)胡适认为此语可作为"留学生之先锋旗"。登上归国航船的胡适,满载留学七年的学识和抱负,其心情恰好可以用这句诗作为写照。

四　初为北大师

初任北大教授的胡适。

　　1917年7月10日上午11时，胡适平安抵达上海，回到阔别七年的祖国。

　　在上海处理一些事务后，胡适于7月27日回到故乡绩溪上庄。胡适出国时太过匆忙，来不及向母亲告别，母子俩已经整整十年没有见面了。北大9月初才开学，胡适得以有一个月的时间在家里陪伴母亲，走访亲友，并到江村未来岳丈家，希望在婚前与江冬秀见上一面，但未能如愿。胡适在上海时就给母亲写信，希望这次回家暂不成亲，等到北大安顿好之后再定日子。9月1日，胡适离开家乡，5日到上海，10日到达北京。

　　胡适回国后，曾对上海的书店和故乡教育等进行考察，于1918年1月在《新青年》上发表了《归国杂感》一文，表达了对离别七年的祖国的失望："七年没见面的中国还是七年前的老相识！"文中说自己刚回到上海时，朋友请他到大舞台看戏，出来后胡适对朋友说，"这个大舞台真正是中国的一个绝妙的缩本模型"，外表装饰都变了，但演戏的"没有一个不是二十年前的旧古董"。[1]这自然也暗示：当时思想文化界的领袖人物跟胡适出国前也没有多少分别。刚回国的胡适深切感受到再造文明的压力和责任。

---

[1] 欧阳哲生编：《胡适文集》（第2卷），北京大学出版社1998年版，第469页。

1917年9月21日，北大正式开学，胡适应邀作《大学与中国高等学问之关系》的演说。10月1日，北大正式开课，胡适讲授中国古代哲学、英文学、英文修辞学3门课，每周12个小时的课程，月薪260元。胡适最初暂居北大教员宿舍，后搬入朝阳门南竹竿巷，与同事兼老乡高一涵合租一处房子。

胡适在北大安顿好之后，即开始与母亲商量办理与江冬秀的婚事，胡适把婚礼的日子定在自己阴历生日那一天，即旧历十一月十七日，1917年的那天阳历为12月30日。他后来在给胡近仁的信中曾说："吾之就此婚事，全为吾母起见，故从不曾挑剔为难。"[1]因此，胡适虽然在结婚仪式等方面有所革新，取消了拜天地等旧习俗，但为讨母亲欢心，婚礼办得相当热闹，还亲自撰写喜联："三十夜大月亮，念七岁老新郎。"不过胡适在是否拜祭祖先方面跟母亲争论了好几天，作为无神论者的他不认为自己的婚礼跟祖先有啥关系，也不相信祖先神灵的存在，直到婚礼前夜，胡适才做出了让步。婚后第三天早上，胡适和江冬秀到宗祠拜祭了祖先。

婚后，胡适作了好几首《新婚杂诗》，其中一首写道：

十三年没见面的相思，如今完结。

把一桩桩伤心旧事，从头细说。

你莫说你对不住我，我也不说我对不住你，——

且牢牢记取这"三十夜"的中天明月！

胡适婚后在家住了将近一个月，然后只身北上，没有带上新婚的妻子。这其中既有政局动荡的原因，更有胡适刚刚回国需要打开新局面的

---

[1]欧阳哲生编：《胡适文集》（第2卷），北京大学出版社1998年版，第469页。

压力。

刚到北大的胡适，虽然由于提倡文学革命而声誉鹊起，但要在国内的最高学府站住脚跟，却并非易事。当时的北京大学是以浙江人为主的留学日本的章太炎弟子的天下。从旧学方面讲，太炎弟子们大多有所专攻，非胡适所能及。胡适到北大，很大程度是由于陈独秀向蔡元培的举荐，两人在文学革命上的共同主张是陈独秀举荐胡适的主要原因，但同为安徽人也是一个重要原因。

胡适到北大首先面对的不是北大教授们学术上的压力，而是如何在课堂上让北大的学生信服满意。据当年北大学生回忆，胡适到北大后不久，曾在大礼堂讲墨学，"反应不甚良好"。而初到北大的胡适，偏偏要讲中国哲学史，这难免引起学生的怀疑："他是一个美国新回来的留学生，如何能到北京大学里来讲中国的东西？"当年的北大学生顾颉刚也是抱着这种想法去听胡适的课的。之前开这门课的是陈汉章，他学问渊博，但过于迷信古书材料，从伏羲开讲，讲了一年才讲到《尚书·洪范》。胡适则不同，他新编的讲义，第一章名为"中国哲学结胎的时代"，用他认为可靠的《诗经》作为时代说明，抛开尧舜夏商，直接从周

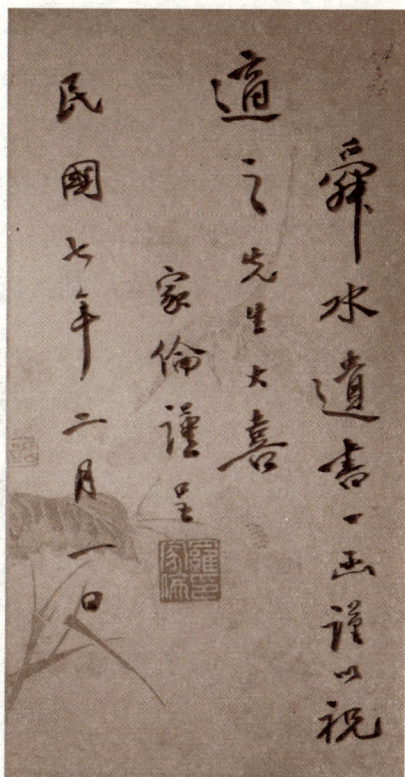

1918年罗家伦赠书胡适，作为胡适的新婚礼物。

宣王讲起。胡适这种"截断众流"的讲法给顾颉刚带来的震动极大，他对不以为然的同学说：胡适虽然没有陈汉章读书多，"但在裁断上是足以自立的"[1]。顾颉刚又把此事告诉同宿舍的傅斯年，傅斯年当时是黄侃的得意弟子，旧学根基深厚，在学生中很有威信。他去听了几次胡适的课后，对想闹事的同学说："这个人书虽然读得不多，但他走的这一条路是对的。你们不能闹。"胡适后来才知道原来是傅斯年暗中保护了自己。

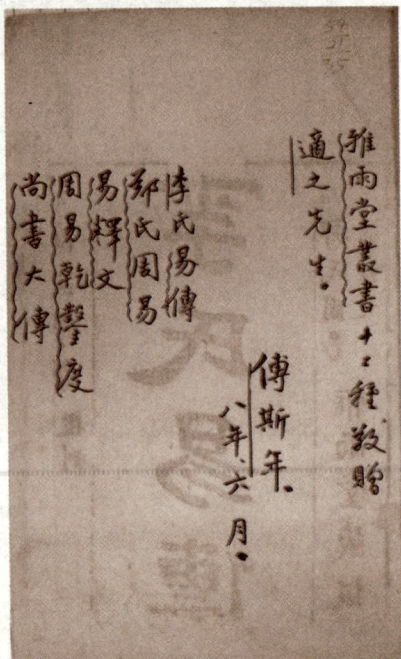

1919年傅斯年赠胡适《雅雨堂丛书》。

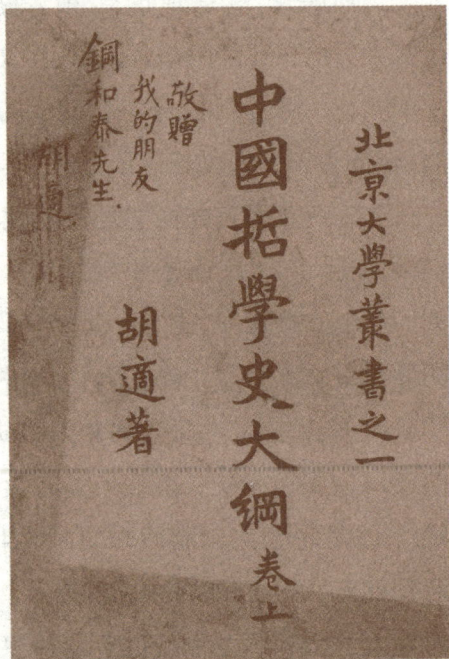

《中国哲学史大纲》（上卷）封面。

胡适在北大课程的开场算是旗开得胜，但是讲一门课仅靠方法和眼光是不够的，还得靠很多实实在在的材料，于是准备讲义成为初为北大

---

[1]欧阳哲生编：《胡适文集》（第2卷），北京大学出版社1998年版，第469页。

教授的胡适的一项重要"功课"。胡适最初到北大的几年非常用功忙碌，从澄衷学堂开始到留美归来到达上海一直基本坚持的日记也被迫中断了，直到1921年4月才恢复正常。这一时期胡适甚至连看戏的时间都没有，他在1918年4月26日的家书中说："今天有一位朋友请我看戏，看的是名角梅兰芳的《玉堂春》，很好。我自从回到北京直到如今，不曾看过一次戏，都因为太忙之故。"[1]

胡适归国后给美国女友韦莲司的书信也很少，到1919年3月将近两年的时间，一共只写了五封信，除了刚回国的两封信，剩下的三封信基本上每年一封。此后干脆中断，直到1923年3月，整整四年没有给韦莲司写信。胡适在1923年3月12日给韦莲司的信中说："归国后不久，我就发现无法再保持海外书信联系了。后来，我几乎完全中断了所有的个人书信联系，而你知道，这是我最喜欢的交流方式，并且是我的教育中非常宝贵的部分。……我希望在我的书信中留下自己在这令人兴奋激动的几年中的个人感受和印象，但是这却超出了我的身体所能承受。"[2]

日记不记了，与友人通信中断了，好在胡适在1918年2月7日的家书中称，每天给母亲写一封信，虽然有时因太忙偶尔几天没写，大致还是坚持到同年9月底。11月，胡适母亲去世，家书也就停止了。从胡适这一时期前后的家书中我们可以了解一些胡适初到北大时的忙碌情形。从这些家书看，胡适当时主要的工作是编写授课讲义。胡适在1918年2月4日的家书中写道："儿自离京以来，五十日未作讲义，心放了便难收回。故今日竟不能坐下读书，须安心定志休息一两日，始可如旧作事。"[3]胡适在2月7日的

---

[1]欧阳哲生编：《胡适文集》（第2卷），北京大学出版社1998年版，第469页。
[2]欧阳哲生编：《胡适文集》（第2卷），北京大学出版社1998年版，第469页。
[3]欧阳哲生编：《胡适文集》（第2卷），北京大学出版社1998年版，第469页。

家书中写道："今天写讲义，直到半夜后一点半钟。"[1]胡适在5月17日的家书中写道："昨天写了一天讲义。"[2]直到6月14日课程结束，胡适才可以喘口气。胡适在6月15日的家书中写道："昨天我的课完了，总算过了一个学年。"[3]即使这样，胡适还要为补编未完的讲义忙碌。经过将近一年的讲课积累，胡适于9月将书稿写成后寄给商务印书馆，1919年2月《中国哲学史大纲》上卷作为"北京大学丛书"之一在商务印书馆出版。胡适的这部《中国哲学史大纲》在近代史学革命上具有典范的意义。蔡元培在此书的序言中给予了极高的评价。蔡先生说，胡适任教一年就编成此书，可谓"心灵手敏"，主要是因为胡适既对西洋哲学史"很有心得"，又兼治汉学，非常难得。他认为胡适的这部书有四大特点：第一是对哲学家时代、著作真伪和哲学方法的考证辨明；第二是用"扼要的手段"，"截断众流，从老子孔子讲起"；第三是对孔子与诸子同等看待的"平等的眼光"；第四是考证思想传承演进的"系统的研究"。[4]

胡适初到北大数年，除了聪明之外，努力用功也是留给很多人的深刻印象。一向以读书勤奋自诩的顾颉刚曾在日记中说："予之性格，努力如适之先生。"[5]又感叹："我的勤劳可以比得上胡先生，而我的聪明实在比不上胡先生。"[6]

从胡适上海读书和美国留学的经历看，胡适不是将自己限于书斋的学究，而是积极参与各种学生团体和社会活动，学习之外表现得非常活跃。胡适初到北大的忙碌，除了首先要在授课著述方面打开局面外，还很快在

[1]欧阳哲生编：《胡适文集》（第2卷），北京大学出版社1998年版，第469页。
[2]欧阳哲生编：《胡适文集》（第2卷），北京大学出版社1998年版，第469页。
[3]《胡适全集》（第23卷），安徽教育出版社2007年版，第186页。
[4]欧阳哲生编：《胡适文集》（第2卷），北京大学出版社1998年版，第469页。
[5]欧阳哲生编：《胡适文集》（第2卷），北京大学出版社1998年版，第469页。
[6]欧阳哲生编：《胡适文集》（第2卷），北京大学出版社1998年版，第469页。

北大担任了一些职务, 并参与了一些与教育有关的会议。胡适在1917年10月25日的家书中解释不能请假归娶的原因, 其中两条即是由于他参加了校内外的重要工作: 其一是参与教育部改订大学章程的讨论, 胡适关于废除现行分年级制而采用 "选科制" 的建议被采纳, 因此要参与具体章程的拟定; 其二是胡适在北大提议分部组织教授会, 作为提议人也需要参与筹划。

胡适初到北大即受到蔡元培校长的赏识和重用, 10月份月薪即从260元加到280元, "为教授最高级之薪俸"。当年12月, 胡适被任命为新成立的哲学门研究所主任, 1918年3月, 胡适当选英文部教授会主任。这些职务都非虚衔, 是要付出很多精力的。胡适在家书中说, 因为研究所是初次创办, "故事务甚繁"。1918年清明节胡适在家书中又说: "我是英文部的主任, 夏间大学的招考, 我不能不到。"[1] 虽然忙碌, 这些教育管理的职务让胡适在北大有了施展其教育理想和理念的机会。

胡适到北大后不久, 就开始在校内外演讲, 在美国练就的演说功夫有了用武之地, 这也是他扩大学术文化影响的一个重要途径, 而随着胡适的名气越来越大, 所到之处也往往被邀请作现场演说。他在1918年4月14日的家书中说: "昨日写家信后, 即在家编明天的讲演稿。" 结果当天忽然来了朋友, 胡适应酬到晚上九点才继续写演讲稿, 到凌晨两点半才写好。第二天胡适早上七点就起来了, 匆匆吃过早饭, 就赶去教育部会场讲了两个小时的《墨家哲学》第四讲。"此项星期讲演专为普通人士设的, 颇有功效。我的讲演, 不但有许多少年男女学生来听, 居然有一些老先生来听。所以我虽辛苦, 却很高兴。"[2] 可见这时候的胡适既要在北大打拼,

---

[1]欧阳哲生编:《胡适文集》(第2卷), 北京大学出版社1998年版, 第469页。
[2]欧阳哲生编:《胡适文集》(第2卷), 北京大学出版社1998年版, 第469页。

又要在社会上传播新知识新思想，树立国人导师的形象，非常辛苦。

胡适因提倡"文学革命"而得名，归国之后自然成为以"文学革命"为突破口，以《新青年》为主要思想传播工具的新文化运动的主要领导者。1917年1月，陈独秀正式出任北大文科学长，他在北京箭杆胡同9号的新居也成为《新青年》由上海迁至北京的新址。

胡适初到北大的第一个学期，由于忙于教学、家庭和婚事，在《新青年》上发表的文字不是很多，主要有白话诗《人力车夫》、《新婚杂诗》以及《论小说及白话韵文——答钱玄同书》、《归国杂感》等文章。

1918年1月，《新青年》编委会进行了改组，成员基本由北大教授组成，由胡适、钱玄同、李大钊、刘半农、沈尹默、高一涵、周作人等轮流编辑，不久鲁迅也加入。自当月15日出版的第四卷第一号起，所有撰译稿件均由编辑部成员负责，不再接收外来投稿，而且从这一期起，全部刊登白话诗文。

1918年3月，胡适为《新青年》写了一篇长文，他在3月17日的家书中说："这篇文字将来一定很有势力，所以我虽吃点小辛苦，也是情愿的。"[1]这篇胡适颇为自信的长文应该就是1918年4月发表于《新青年》第四卷第四号的《建设的文学革命论》。胡适在文中说，"旧派文学实在不值得一驳"，因此本文的宗旨是"贡献我对于建设新文学的意见。"胡适指出，这篇文章唯一的宗旨只有十个大字："国语的文学，文学的国语"。他接着解释说："我们所提倡的文学革命，只是要替中国创造一种国语的文学。有了国语的文学，方才可有文学的国语。有了文学的国语，我们的国语才可算得真正的国语。国语没有文学，便没有生命，便没有价值，便不能成立，

---

[1] 欧阳哲生编：《胡适文集》（第2卷），北京大学出版社1998年版，第469页。

便不能发达。"[1]文章最后从工具、方法、创造三个方面介绍如何创造国语的新文学。这篇文章在当时对鼓励人们用白话作文作诗起到了很大的作用。胡适后来说:"此文发表后的两三年之内,许多人已经看出其中的道理来。青年人也不再以没有'标准国语'而发愁了。"[2]与此同时,胡适继续在白话文学方面进行尝试,特别是在新诗方面。

1918年6月中旬,江冬秀到北京与胡适团聚。胡适在家书中说,让江冬秀早些到北京,主要是想让她受点教育,并且与朋友的女眷往来应酬。当然,还有重要的一点,就是江冬秀可以照顾胡适的生活,帮他招呼来的朋友。虽然江冬秀奉婆婆之命"监督"胡适,不让他熬夜,"像一个蚊虫来缠着我,讨厌得很",但胡适毕竟生活上有了陪伴和照应。

经过一学年的努力,胡适在北大站稳了脚跟,基本完成了《中国哲学史大纲》讲义,担任了一些职务,在国内思想文化界的影响越来越大,家事方面也基本处理妥当,办理了婚事,太太也到了北京,可以说基本上各方面的事情都在按照他的预期发展。归国不到一年,胡适在国内的名气已经非常大了。1918年6月19日,胡适请从上海来的蒋梦麟在中央公园吃晚饭,蒋梦麟带江苏教育总会会长黄炎培一起赴宴。席中胡适与黄炎培攀谈后才知道两家是世交,黄炎培的父亲黄焯林与胡适的父亲当年同在吴大澂幕府,黄焯林对胡传非常敬佩。黄炎培说:"铁花老伯应该有适之兄这样的后人。"这句对胡氏父子都很夸赞的话让爱惜名声的胡适听了很是受用。他在次日给母亲的家书中说:"我在外边,人家只知道我是胡适,没有人知道我是某人的儿子。今次忽闻此语,觉得我还不致玷辱先人的名誉,故心里颇欢喜。"[3]声誉日隆的胡适虽然结婚时曾在拜祭祖先

[1]欧阳哲生编:《胡适文集》(第2卷),北京大学出版社1998年版,第469页。
[2]欧阳哲生编:《胡适文集》(第2卷),北京大学出版社1998年版,第469页。
[3]欧阳哲生编:《胡适文集》(第2卷),北京大学出版社1998年版,第469页。

上与母亲有过争执，但内心多少还是有重振家业、光宗耀祖的想法。

1918年9月底，北大新的学年开始，胡适主要开设"中国哲学史大纲"、"西洋哲学史大纲"、"伦理学"、"英美近代诗选"等课程，除此之外，胡适还参与校内的许多事务。他在给母亲的信中说："我今年每礼拜只有十点钟功课，课虽不多，但仍旧是很忙的。因为我喜欢干预这样那样，故事体很多。"[1]10月，他被推举为北大评议部评议员。

正当胡适忙于教书著述之时，11月23日，胡适的母亲去世了。11月28日，胡适与江冬秀匆匆启程回绩溪奔丧。

母亲的突然去世，给胡适的打击是沉重的，他在回到家的当天，写下了《民国七年十二月一日奔丧到家》一诗：

往日归来，才望见竹竿尖，才望见吾村，

便心头乱跳，遥知前面，老亲望我，含泪相迎。

"来了？好呀！"——更无别话，说尽心头欢喜悲酸无限情。

偷回首，揩干眼泪，招呼茶饭，款待归人。

今朝，——

依旧竹竿尖，依旧溪桥，——

只少了我的心头狂跳！——

何消说一世的深恩未报！

何消说十年来的家庭梦想，都一一云散烟销！——

只今日到家时，更何处能寻他那一声："好呀，来了！"

---

[1]欧阳哲生编：《胡适文集》（第2卷），北京大学出版社1998年版，第469页。

归国一年多的胡适，已经在北大站稳脚跟，在社会上名气很大，可以有条件报答母亲的养育之恩了，可是母亲却突然去世了。这种"子欲孝而亲不在"的痛苦和遗憾深深折磨着胡适。他在给韦莲司的信中说，二十多年来，她为我吃尽了各种苦，而我刚刚有能力报答她，却没来得及给她带来些许幸福。

12月17日，阳历胡适生日，阴历胡适结婚纪念日，胡适和家人含泪将母亲下葬。1919年1月10日，胡适匆匆踏上回京之路，江冬秀因怀孕留在了绩溪。

胡适在回乡料理母亲丧事时有所感，回北京后写成《不朽——我的宗教》，发表于1919年2月15日的《新青年》第六卷第二号。胡适在文中提出"社会的不朽"观念，认为这种观念可以作为自己的宗教，教旨是："我这个现在的'小我'，对于那个永远不朽的'大我'的无穷过去，须负重大的责任；对于那永远不朽的'大我'的无穷未来，也须负重大的责任。我须要时时想着，我应该如何努力利用现在的'小我'，方才可以不辜负那'大我'的无穷过去，方才可以不遗害那'大我'的无穷未来。"[1]

回到北京的胡适又忙碌起来，1919年1月，北大学生傅斯年、罗家伦等人创办《新潮》，成为新文化运动的一支生力军，胡适被聘为顾问。是年2月，胡适被聘为国语统一筹备会会员。当时发表白话文章的报刊，除了《新青年》、《新潮》、《每周评论》外，又有《国民公报》加入。

当然白话文学的提倡也不是一帆风顺的，当时北大校内的反对派出版了《国故》、《国民》与之对抗，后来南京又有吴宓、梅光迪等人主办的《学衡》与之对抗。这一年的2月、3月间，反对派又传出谣言，说陈独秀、胡适、钱玄同等人已经被驱逐出京。林纾则除在《新申报》上发表

---

[1] 欧阳哲生编：《胡适文集》（第2卷），北京大学出版社1998年版，第469页。

《妖梦》、《荆生》等小说影射攻击陈独秀、胡适等人外，还在北京《公言报》上发表致蔡元培函，攻击陈独秀、胡适等人"必覆孔孟，铲伦常为快"，"尽废古书，行用土语为文字"。蔡元培在《公言报》发表长信，对林纾的攻击一一加以批驳。经过与反对派的多次较量，文学革命得到了迅速的发展，胡适在1919年3月3日给女友韦莲司的信中说，文学革命的传播速度超出了他们自己的预期。1918年初《新青年》全部刊登白话诗文后不到一年的时间，受其影响，全国已经有十余种杂志开始刊登白话文章。

随后，胡适开始忙碌一件大事，那就是邀请自己的导师杜威来华讲学。这一年的2月，杜威到日本作短期游历讲学。3月，与胡适同为杜威弟子的陶知行得知后，写信给胡适，建议邀请杜威到中国讲学，帮助中国"建设新教育"。胡适马上写信给杜威，邀其到华讲学，经过协商，以北京大学、南京高师、江苏省教育会等的名义邀请杜威来华。作为杜威来华的知识普及和思想

胡适与长子祖望合影。

预热,胡适于3月在教育部会场作了四次《实验主义》演讲,演讲分七部分,前半部分主要介绍了实验主义的历史和詹姆斯的学说,后半部分主要介绍杜威的实验主义思想,包括哲学观念、论思想、教育哲学等内容。胡适为此次的演讲做了认真的准备,从其藏书看,他在1919年3月阅读的杜威著作主要有三种,多处有批注圈画。

3月16日,胡适的长子出生,为了纪念母亲,胡适给他取名祖望。

4月13日,杜威到上海,胡适、陶知行、蒋梦麟三位弟子到码头迎接。5月2日,胡适应江苏省教育会的邀请,介绍实验主义要旨,作为第二天杜威演讲的导言。5月,胡适在《新教育》"杜威专号"上发表《杜威的教育哲学》、《杜威哲学的根本概念》、《杜威之道德教育》、《实验主义》等文

1919年胡适(后排左一)与杜威(前排右一)、杜威夫人(前排右二)、史量才(前排左一)、蒋梦麟(后排左二)、陶行知(后排左三)摄于上海。

章,全面介绍杜威的实验主义思想学说。

5月3日,胡适给蔡元培校长写信,报告杜威在上海、杭州、南京等地演讲游历计划和大致到京时间,并请蔡元培商请教育部就聘请杜威一事致电哥伦比亚大学。

5月4日,北京爆发了"五四"爱国学生运动,这时候胡适还在上海。5月7日,胡适参加了上海响应北京爱国学生的国民大会,会后又跟着队伍游行,从西门一直走到大东门,夹袍都湿透了。

5月9日,蔡元培辞去北京大学校长之职。5月12日,胡适忙完在上海接待杜威之事回到北京。6月,北洋政府任命胡仁源为北大校长,胡适与北大多数师生坚决反对,开展"拒胡迎蔡"活动。7月9日,胡适在《民国日报》的《觉悟》副刊上发表《论大学学制》,对恢复民国元年大学学制的提议表示异议,指出这个提案主要目的在于破坏蔡元培校长两年来的改革,使他难堪,不能回北大。胡适在文中为蔡元培改预科三年为两年、文理两科合并等改革措施进行了积极的辩护。在各方的积极努力下,蔡元培终于在9月回北大复职,蒋梦麟被任命为总务长,胡适被任命为代理教务长,协助蔡元培工作。

5月29日,杜威夫妇到达天津,由胡适迎至北京。6月,杜威在北京先后作了《美国之民治的发展》、《现代教育的趋势》的演讲,此后直到1920年3月,杜威主要在北京各学术机关团体演讲,基本都是由胡适担任翻译。9月,北大正式聘请杜威为客座教授,为期一年,这中间胡适起了重要的推动作用。

早在这一年的3月,陈独秀因"私德"问题被迫以"请长假"名义离开北京大学。6月11日,陈独秀因散发传单被捕。胡适当晚得到消息后,愤而写下题为《威权》的白话诗:

一

威权坐在山顶上,

指挥一班铁索锁着的奴隶替他开矿。

他说:"你们谁敢不尽力做工?

我要把你们怎么样就怎么样!"

二

奴隶们做了一万年的苦工,

头顶上的铁索渐渐地磨断了。

他们说:"等到铁索断时,我们要造反了!"

三

奴隶们同心合力,

一锄一锄的掘到山脚底。

山脚底挖空了,

威权倒撞下来,活活的跌死!

　　胡适积极参与营救陈独秀的行动,陈独秀终于在8月间被保释出狱。陈独秀入狱后,胡适代为编辑《每周评论》,直到8月底《每周评论》被北京警察厅查封。

　　胡适接手编辑《每周评论》之后,针对五四运动之后国内谈论政治和各种主义的热情空前高涨的情况,于7月初在《每周评论》上发表《多研究些问题,少谈些主义》。胡适后来说,对于"新文化运动",自己比较喜欢用"中国的文艺复兴"一词,因为它与欧洲的文艺复兴有很多相同之处:一是对新语言、新文字、自我表达新工具的需要;二是对人类解放的要求，把个人从传统的旧风俗、旧思想和旧行为的束缚中解放出来。他后来曾说："那时我有一个主张，认为我们要替将来中国奠定非政治的文化基础，自己应有一种禁约：不谈政治，不参加政治，不与现实政治发生关系，专从文学和思想两方面着手，做一个纯粹的思想文化运动。"[1] 他在《口述自传》中遗憾地认为："在1919年所发生的五四运动，实是这整个文化运动中的一项历史性的政治干扰。它把一个文化运动转变成一个政治运动。"[2]

可以说，胡适的这篇文章正是基于这种认识，希望对这种政治转向有所校正。胡适在文中指出：空谈好听的"主义"，是极容易的事；空谈外来进口的"主义"，是没有什么用的；偏向纸上的"主义"，是很危险的。详细分析讨论之后，胡适最后说："'主义'的大危险，就是能使人心满意足，自以为寻着包医百病的'根本解决'，从此用不着费心去研究这个那个具体问题的解决法了。"[3] 文章发表后，李大钊给胡适写信加以讨论反驳，胡适将这封信以《再论问题与主义》为题在《每周评论》上发表，同时蓝志先在《国民公报》上也撰长文讨论问题与主义。作为回应，胡适又发表了《三论问题与主义》、《四论问题与主义》。这就是所说的"问题与主义"之争。

9月，胡适将自己八年来翻译的十篇短篇小说结集为《短篇小说第一集》。

是年9月25日，胡适写了一篇《大学开女禁的问题》，刊载于同年10月15日的《少年中国》第一卷第4期。这篇文章的起因是当年5月，甘肃女中学生邓春兰在报上发表给蔡元培的要求北大开女禁的公开信。胡适在文中

[1] 欧阳哲生编：《胡适文集》（第2卷），北京大学出版社1998年版，第469页。
[2] 欧阳哲生编：《胡适文集》（第2卷），北京大学出版社1998年版，第469页。
[3] 欧阳哲生编：《胡适文集》（第2卷），北京大学出版社1998年版，第469页。

指出，开女禁的理想步骤应该是：第一，大学聘请有学问的中外女教授；第二，大学先收女子旁听生；第三，研究现行女子学制，改革课程。最后，胡适说："我是主张大学开女禁的，但我现在不能热心提倡这事。我的希望是要先有许多能直接入大学的女子，现在空谈大学开女禁，是没有用的。"胡适对开女禁的支持，是基于他留学期间对女子教育重要性的认识，以及留学期间与韦莲司、陈衡哲等知识女性的接触认识，还有就是归国后与吴弱男的接触。在胡适的藏书中，我们可以发现数册吴弱男赠送的英文图书。胡适在家书中也多次提到吴弱男，他在1918年清明节家书中说："我在外国习惯了，回国后没有女朋友可谈，觉得好像社会上缺了一种重要的分子。在北京几个月，只认得章行严先生的夫人吴弱男女士。吴夫人是安徽大诗人吴君遂（北山楼主人）先生的女儿，曾在英国住了六年，很有学问，故我常去和她谈谈。"[1]同年5月17日胡适在家书又称赞吴弱男"是中国女子中很难得的人物。他在英国留学了六年，很读了些书，

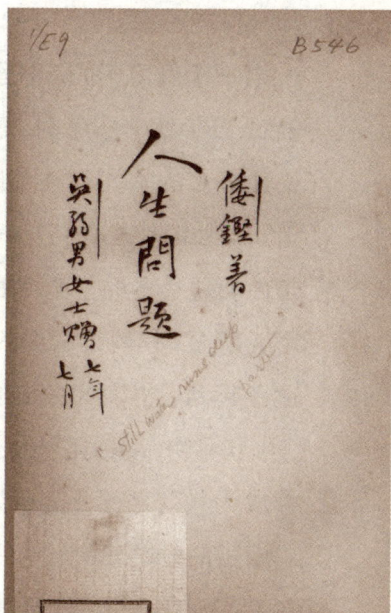

1918年吴弱男赠胡适英文书《人生问题》。

---

[1] 顾颉刚《古史辨》第一册《自序》，顾颉刚：《古史辨自序》，河北教育出版社2000年版，第52~53页。

却又极能治家。"[1] 1920年2月，王兰入哲学系一年级为旁听生，成为北大第一个女生，也是中国第一位女大学生。后来女学生人数陆续增加到9名。当年秋季招考时，这9名女生全被录取。同年，在美国曾与胡适书信交往颇多的陈衡哲在美国芝加哥大学获得硕士学位，应蔡元培校长的邀请，成为北大也是中国第一位女教授。北大最初与陈衡哲的联系预聘，都是由胡适负责的。北大在中国率先招收女生，聘请女教授，开风气之先，影响所至，其他大学纷纷效仿。这中间除了蔡元培校长的积极提倡外，胡适也起到了很大的宣传推动作用。

10月初，胡适陪杜威到山西。10日，杜威在国立山西大学演讲《品格之养成为教育之无上目的》，胡适担任口译。杜威演讲之后，胡适作了题为《娘子关外的新潮流》的演讲。除了介绍娘子关外的思想文化新潮流外，还对当时山西的落后黑暗情形进行批评。山西大学的学生听了演讲非常兴奋，纷纷向胡适要求转学北大。胡适回到北大后经过商谈，北大允许山西大学预科毕业生免试入北大本科，于是山西大学学生纷纷转学北大。这一方案执行了两年。

11月1日晨三时，胡适写就《新思潮的意义》一文，说对"新思潮"的最简单的解释要算陈独秀所举的民主和科学，但仍嫌太笼统。根据他自己的观察，新思潮的根本意义只是一种新态度——"评判的态度"，尼采所说的"重新估定一切价值"就是对这种态度的最好解释。而这种态度实际表现为两种态度，即研究问题和输入学理。胡适认为，对旧有学术思想的积极主张只有一个，那就是"整理国故"。最后胡适指出，新思潮的唯一目的就是再造文明，"再造文明的下手功夫，是这个那个问题的研究。再造

---

[1] 欧阳哲生编：《胡适文集》（第2卷），北京大学出版社1998年版，第469页。

文明的进行,是这个那个问题的解决"。[1]

11月29日夜,胡适修正了他与马裕藻、周作人、朱希祖、刘半农、钱玄同等人的《请颁行新式标点符号议案》。此议案后来作为北洋政府教育部1920年2月训令第53号公布,新式标点符号的颁行,方便了人们的阅读,起到节省读书人时间、普及教育的作用。

12月17日是北大校庆纪念日,杜威演讲《大学与民治国舆论的重要》,仍由胡适担任翻译。

这一年中,胡适在白话诗创作翻译上取得不少的成绩,白话译诗有《关不住了》、《希望》,所作白话诗除了《威权》外,还有《一涵》、《送任叔永回四川》、《一颗星儿》、《我的儿子》、《乐观》、《上山》、《一颗遭劫的星》等。

经过四年的尝试和创作积累,1920年3月胡适的《尝试集》出版,这是中国文学史上第一部个人白话新诗集。胡适的《尝试集》虽然在艺术上还有不够成熟的地方,但其开创之功和尝试精神都是非常值得肯定的。《尝试集》出版后,"适之体"曾风靡一时。胡适在《自序》里说:"我这本集子里的诗,不问诗的价值如何,总都可以代表这点

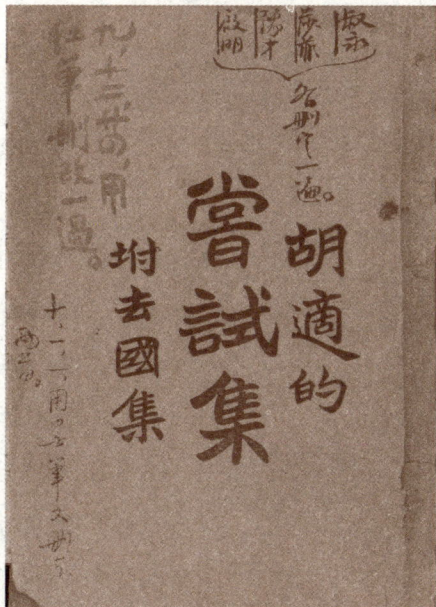

胡适的《尝试集》删定本书影。

---

[1] 欧阳哲生编:《胡适文集》(第2卷),北京大学出版社1998年版,第469页。

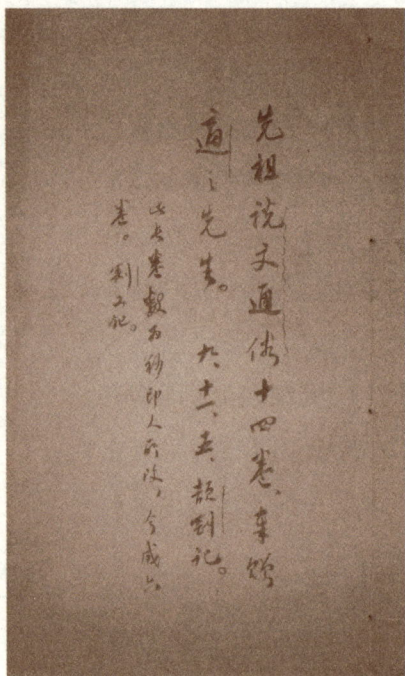

1920年11月5日顾颉刚赠胡适《说文通俗》。

试验的精神。这两年来，北京有我的朋友沈尹默，刘半农，周豫才，周启明，傅斯年，康白情诸位，美国有陈衡哲女士，都努力作白话诗。白话诗的试验室里的试验家渐渐多起来了。"[1]

胡适不到30岁，已经"暴得大名"，但他懂得没有成名的年轻人的不易，非常注意对年轻后进的帮助和提携。1919年，当时在清华学校任教的林语堂获得到哈佛大学留学的"半额奖学金"，每月由清华学校提供40美元的资助。出国的时候夫妻俩只有太太的一千块大洋的嫁妆，到哈佛一年后半额奖学金又被无故取消。夫妻俩能够在海外苦撑四年，很重要的一点就是依靠胡适的帮助。胡适资助林语堂留学的佳话有多个版本，据林语堂《八十自叙》回忆说："我曾由胡适博士作保，和北京大学接触过。我热烈支持中国的文艺复兴。我曾两度由他作保，汇支一千大洋。不过胡适没有向北京大学提款，而是自掏腰包资助我。我回国才知道这个秘密。我去找校长蒋梦麟，感谢他借支两千大洋。蒋博士诧异地说：'什么

---

[1] 欧阳哲生编：《胡适文集》（第2卷），北京大学出版社1998年版，第469页。

两千大洋？是胡适自掏腰包。'我才知道胡适真够朋友，遂在年底前还清了。"[1]胡适在1920年2月5日的日程与日记中有"林玉堂信，附$480"的记录，应与此事有关。

胡适对林语堂的帮助主要是经济上的，他对顾颉刚则不限于经济上的帮助，对其治学方法和治学方向的影响也很大。1920年，新潮社的罗家伦、傅斯年毕业后准备出国留学，罗家伦希望顾颉刚留在北大负责编辑《新潮》杂志，于是给胡适写信，希望胡适能帮顾颉刚在北大谋得图书馆编目员一职，在胡适的帮助下，顾颉刚如愿以偿。当时顾颉刚月薪只有50元，维持个人生活和苏州家用需要80元，胡适请顾颉刚帮助自己编书，每月自己付给顾颉刚30元，帮助顾颉刚解决了生活问题。顾颉刚留在北大后潜心读书，在胡适的鼓励下编辑《辨伪丛书》，并受胡适《水浒》序的启发留意古史演变，与胡适、钱玄同等人书信往来探讨，最终提出著名的"层累地造成的中国古史"说，成为"古史辨派"的创始人。

1920年初，胡适陪杜威到天津演讲。1月2日，杜威在天津作《真的与假的个人主义》的演讲，胡适担任翻译。3日，胡适在天津学生会联合会的学术演讲会上演讲《非个人主义的新生活》，后于1月26日写定该文。胡适在文中首先指出，周作人等人提倡的"新村运动"，是一种类似于山林隐逸的"独善的个人主义"，是自己所不赞成的。自己所主张的非个人主义的新生活是一种"社会的新生活"，是站在现实社会里奋斗的生活，"是霸占住这个社会来改造这个社会的新生活"。

3月21日，胡适在林长民家初次见到上海求学时给自己很多思想启迪的梁启超。胡适在1918年11月20日曾致信梁启超，希望到天津拜会他，"以慰平生渴思之怀"，并顺便向他请教墨学问题。可惜因梁启超临时有要

---

[1]欧阳哲生编：《胡适文集》（第2卷），北京大学出版社1998年版，第469页。

事，未能如愿。二人见面之后，在墨学方面常有交流辩论，1921年2月，胡适为梁启超的《墨经校释》作序，"颇有所辨正"。是年4月，梁启超送还胡适请他指教的《墨辩新诂》，写了两封信与他辩论。有意思的是，1922年《墨经校释》出版时，梁启超把自己对胡适序言的答辩放在书前，把胡适的序言放在后面。胡适在日记中认为此举"未免太可笑了"。

3月23日，胡适写成《工读主义试行的观察》一文。对于1919年底自己曾参与发起的北京工读互助团，胡适承认有些草率和不切实际，他认为北京工读互助团的根本错误在于只做了"工"的计划，没有做"读"的计划。胡适希望有了组织可以使工读容易实行，不希望用这种组织来"另外产生一种新生活新组织"。胡适认为"工"的方面应该注重分工，注重个性的不同；"读"的方面应该采用互助的组合，应该注重自修能力的培养。

胡适不仅重视大学对于推动高等学问研究的作用，也很重视中学对于普及知识、培养基本素质的作用。3月24日，胡适写成《中学国文的教授》一文。在这篇文字中，胡适拟定了一个中学国文的理想标准：（1）人人能用国语自由发表思想；（2）人人能看平易的古文书籍；（3）人人能作文法通顺的古文；（4）人人有懂得一点古文文学的机会。胡适除了提出自己关于中学国语文（白话）、古文教材与教授法的设想外，还提出"演说与辩论"作为国语与国语文的实用教法，他从自己的亲身感受出发，指出"演说辩论最能帮助学生养成有条理系统的思想能力"。此外，胡适非常注重文法，认为不懂文法的人，绝不配成为国文教员，应该把文法与作文归一个人教授。[1]

1920年，北洋政府教育部发布命令，自本年秋季起，国民学校的一、

---

[1] 欧阳哲生编：《胡适文集》（第2卷），北京大学出版社1998年版，第469页。

1920年3月14日胡适教授（右二）与李大钊（右一）、蔡元培（右三）等人在北京西山卧佛寺合影。

二年级教科书全部改用国语。这一年4月，教育部在北京举办国语讲习所，胡适去演讲了十几次，为国语的普及积极努力。5月，胡适参加国语统一筹备会在北京的会议，并担任主席。

5月4日，时值"五四运动"一周年，胡适与蒋梦麟联合发表了《我们对于学生的希望》一文。文章首先肯定了学生运动的积极意义，然后指出，学生运动是很不经济的不幸的事，因此是暂时不得已的救急的办法，不可长期存在。希望学生今后注重课堂里、操场上、课余时间里的学生生活，这样的学生活动才是能够持久又最有效的学生运动。学生活动包括学问的生活、团体的生活、社会服务的生活三个部分。

6月，胡适被商务印书馆聘任为"世界丛书委员"。

7月27日，胡适写成《〈水浒传〉考证》一文，收入亚东图书馆当年8月出版的《水浒》一书。这是胡适考证古典白话小说的开始。胡适说,《水浒传》是南宋初年到明朝中期四百年的"梁山泊故事"的结晶。在考证了宋末到元代的水浒故事、《水浒》的作者以及对七十回本作了分析之后,胡适总结出一种历史进化的文学观:"种种不同的时代发生种种不同的文学见解,也发生种种不同的文学作物。"[1] 这种历史进化的文学观念对于顾颉刚考证古史演变具有很大的启发意义。

8月1日,胡适与蒋梦麟、陶履恭、张祖训、李大钊、高一涵等共同署名发表《争自由的宣言》。宣言中说:"我们本不愿意谈实际的政治,但实际的政治,却没有一时一刻不来妨害我们。……我们便不得不起一种彻底觉悟,认定政治如果不由人民发动,不得不先有养成国人思想自由评判的真精神的空气。"[2]

8月16日,胡适的女儿诞生,取名素斐。

9月11日,北大开学典礼,新聘教授都要作演讲,胡适认为陈衡哲最佳。胡适作《提高与普及》的演讲,他对作为新文化运动中心的北大最近几年的学术成就很不满意。胡适说:"现在所谓新文化运动,实在说得痛快一点,就是新名词运动。"拿着几个半生不熟的名词互相传递,这叫做普及,他不希望北大的学生参与。而"提高"则是没有文化要创造文化,没有学术要创造学术,没有思想要创造思想。希望北大人同心协力去干,因为只有提高才能普及。他希望北大人从浅薄的"传播"事业,回到一种"提高"的研究功夫。他指出:"我们若想替中国造新文化,非从求高等学问入手不可。"[3] 胡适的这个演讲,是其《多研究些问题,少谈些主义》思想的发展和延续。这个新学年,胡适主要讲授"中国哲学史大纲"、

---

[1]欧阳哲生编:《胡适文集》(第2卷),北京大学出版社1998年版,第469页。
[2]《胡适全集》(第23卷),安徽教育出版社2007年版,第185页。
[3]欧阳哲生编:《胡适文集》(第2卷),北京大学出版社1998年版,第469页。

"近年思潮"和"英文学"三门课程。10月，胡适被推举为北京大学预算委员会和聘任委员会委员、出版委员会委员长。

这一年，胡适还为北大地质系延聘教授起到牵线的作用，据他在《丁文江的传记》中回忆，民国九年的一天，时任地质调查所所长的丁文江找到胡适，告诉他北大地质系的几个毕业生到地质调查所找工作，丁文江让他们每人辨认十种岩石，结果没有一个人及格。于是胡适和丁文江拿着成绩单去找蔡元培，蔡校长虚心听取了丁文江关于整顿地质系的方案，决定聘请李四光为地质系教授，并与地质调查所联合聘请美国古生物学家葛利普。

1920年底到1921年初，《新青年》同人内部在是否谈论政治和在何处编辑等问题上产生重大分歧和争论。1919年12月，《新青年》自第七卷起重新由陈独秀主编。1920年2月19日，陈独秀为躲避北京警察缉捕到上海，编辑事务也转移到上海，编辑部设在陈独秀在上海的寓所法租界环龙路渔阳里二号。早在1919年9月，陈独秀在《新青年》第八卷第一号上发表《谈政治》，公开表明他与胡适等北京编辑同人的不同主张。《新青年》还从第八卷开始设立"俄罗斯研究"专栏，成为宣传马克思主义和俄国革命的主要窗口。此时，李汉俊、陈望道等上海共产主义小组成员先后加入《新青年》编辑部。1919年12月16日，陈独秀离沪赴粤，出任陈炯明在广东新设的大学委员。当晚他写信给胡适、高一涵，说："《新青年》色彩过于鲜明，弟近亦不以为然，陈望道君亦主张稍改内容，以后仍以趋重哲学文学为是，但如此办法，非北京同人多做文章不可。"胡适将陈独秀的这封信给北京《新青年》同人传阅，集合大家的意见，提出三个办法：（1）听《新青年》流为一种有特别色彩之杂志，而另创一个哲学文学的杂志。（2）将《新青年》编辑部自第九卷第一号迁回北京，北京同人在第九卷第一号上发表新的宣言，注意学术思想艺文的改造，声明不谈政治。

1921年胡适蓄髭照。

（3）暂时停办。胡适认为前两种方法可行，并说得到高一涵、李大钊、陶孟和、钱玄同等人的赞成。1921年1月22日，胡适给李大钊、鲁迅、钱玄同、陶孟和、张慰慈、周作人、王星拱、高一涵八人写信，说明因为陈独秀对胡适提出宣言不谈政治和另办学术文艺杂志很生气，决定对之前的两条提议进行调整，只提出"移回北京编辑"，希望北京同人进行表决。从表决结果看，多数人赞成"移回北京"。但是这一主张遭到陈独秀和陈望道等人的反对，《新青年》逐渐从同人刊向党刊转变，《新青年》编辑同人也逐渐分道扬镳。

3月，北京各高校教师因索薪罢课，胡适利用此空闲写成《〈红楼梦〉考证》初稿。初稿写成后，胡适送给对文献非常熟悉的顾颉刚，请他校读并帮助查找新的资料，不久顾颉刚的朋友俞平伯也加入对《红楼梦》的讨论。经查阅新的资料，并与顾颉刚和俞平伯书信讨论，胡适于是年

11月12日完成改定稿。胡适在文章开篇即对之前居于主流的"索隐派"进行了批判，认为这种研究走错了路，不去研究《红楼梦》的著者、时代、版本等材料，只是"收罗许多不相干的零碎史事来附会《红楼梦》里的情节"。[1] 胡适接着对"索隐派"三种附会说进行了逐一批驳。然后在分析各种关于作者的相对可靠的材料的基础上，得出关于《红楼梦》作者的六条结论，第一条就是肯定该书的作者是曹雪芹。最后，胡适对《红楼梦》的版本进行了考证。胡适的这篇考证是"新红学"的开山之作，是胡适所主张的"考证方法的一个实例"。1923年，俞平伯写成《〈红楼梦〉辨》，顾颉刚在为这本书所作的序中指出："适之先生作了《〈红楼梦〉考证》之后，不过一年就有这一部系统完备的著作：这并不是从前人特别糊涂，我们特别聪颖，只是研究的方法改过来了。……我希望大家看着这旧红学的打倒，新红学的成立，从此悟得一个研究学问的方法。"胡适的这篇考证在《胡适文存》中出版后，胡适曾与索隐派代表之一蔡元培有过讨论。

此年内胡适所作的小说考证还有6月11日写成的《〈水浒传〉后考》，对于自己1920年所作的《〈水浒传〉考证》，胡适根据新材料，纠正了一些假设，证实了一些结论。

7月11日，杜威结束在中国两年多的讲学回国，胡适在杜威回国前一日晚上赶写成《杜威先生与中国》一文作为送行。胡适在文中总结说："自从中国与西洋文化接触以来，没有一个外国学者在中国思想界的影响有杜威先生这样大的。"他指出："杜威先生最注重的是教育的革新，他在中国的讲演也要算教育的讲演为最多。"[2] 杜威在中国住了两年零两个月，在11个省做过演讲，胡适在此期间不仅承担了杜威在北京和山东、山

---

[1]欧阳哲生编：《胡适文集》（第2卷），北京大学出版社1998年版，第469页。
[2]译自《胡适全集》（第40卷），安徽教育出版社2007年版，第215页。

西演讲的翻译工作，而且自己也演讲或撰写文章宣传杜威的实验主义。杜威的教育思想在学制改革、新教学法的推广以及平民教育等方面对中国近代教育产生了积极深远的影响，胡适所做的相关努力也具有非常重要的作用。

大约在1921年前后，胡适在北京大学最先提倡选课制，他后来回忆说："关于文学的功课，三十年前我们在北京，就提倡选课制。大学选课制度是让学生减少必修课，增加选修课，让他多暗中摸索一点，扩大其研究兴趣。讲新教育要注意兴趣。所谓兴趣，不是进了学堂就算是最后兴趣。兴趣也要一点一点生长出来，范围一点一点地扩大。"[1]

胡适7月15日离开北京，16日到达上海。胡适此行是应商务印书馆编译所所长高梦旦的邀请，到商务印书馆进行考察，高梦旦有意让胡适替代自己担任编译所所长。胡适在上海住了45天，几乎天天到商务印书馆编译所，在高梦旦的陪同下参观各部门的工作，与所里的工作人员谈话，参与他们的编辑讨论。经过考察，胡适认为自己的"性情和训练都不配做这件事"，于是很诚恳地辞谢了高梦旦。后来胡适推荐了自己在中国公学时候的老师王云五。胡适在商务印书馆期间，曾就编译所如何留住人才提出几点建议：（1）每年派送一二人出国留学或考察；（2）办一个完备的图书馆；（3）办一个试验所，供专门人才继续作研究；（4）减少编译员工作时间，增加假期。胡适回北京后，向商务印书馆提交了万余字的考察报告，就设备、待遇、政策、组织四方面提出了自己的意见。

胡适在上海期间，曾应邀多次作演讲，包括为上海一师附小、二师附小作了两次《小学教师的修养》的演讲。胡适还参观了一师附小的暑期实施示教班，认为："这班小学生对于教师真同家人朋友一样，即此一端已

---

[1] 欧阳哲生编：《胡适文集》（第2卷），北京大学出版社1998年版，第469页。

很难做到。"[1]

7月31日，胡适到南京，为南京高等师范学校暑期学校作《研究国故的方法》的演讲，他提出四个方法：（1）历史的观念："一切古书皆史也。"（2）疑古的态度："宁可疑而过，不可信而过。"（3）系统的研究。（4）整理："要使从前只有专门学者能读的，现在初学亦能了解。"

8月2日，胡适到安庆，在之后的几天里，他为安徽各界作演讲，忙得不亦乐乎，经常是半天演讲两个题目，主要演讲有《实验主义》、《科学的人生观》、《女子问题》、《国语运动与国语教育》、《好政府主义》等。其中《好政府主义》是胡适第一次公开谈政治。8月6日，胡适作了安庆之行的最后一次演讲《对于安徽教育的一点意见》，在演讲中他提出了几个具体的建议，包括安徽大学的筹建，一个大型图书馆的兴办，国民学校、中等教育、高等教育方面应给予女子更多的受教育机会等。这一年中，胡适在各地演讲很多，除上述在外地的演讲外，胡适还在京津两地作了多次演讲，包括在清华大学演讲《废止国耻纪念的提议》，他的理由是：机械的纪念没有意义；纪念过去使我们忘记现在；对外的纪念不如对内的努力。这是胡适第一次在演说台上谈政治。

8月8日，胡适回到上海。此后胡适负责主持了北大在江苏的招考。9月7日，胡适告别上海的朋友，登上北上的列车，9月9日凌晨一点多到北京。

9月19日，胡适与顾孟余、颜任光、陈聘丞在蔡元培校长家中商量北大的事情。胡适在当天的日记中记载，他主张大学正在进行的工作应该"破釜沉舟"地干下去。他说，蔡先生尚不退缩，我们少年人更不当退缩。当晚商定的事情有：（1）图书募捐事；（2）主任改选事；（3）教务长改选事；（4）减政事；（5）组织教育维持会事。其中第一条"图书募捐事"应即图

---

[1]欧阳哲生编：《胡适文集》（第2卷），北京大学出版社1998年版，第469页。

书馆募捐一事。胡适非常重视图书馆在大学中的作用,积极推动北大筹建新图书馆。5月初,胡适曾在北大教职员代表会上提议,教职员捐出当年4月份工资,用来修筑新图书馆。

9月25日,胡适给蔡元培校长写了一封长信,谈自己关于北大改良的看法。信中主要谈了预科改良问题。胡适认为,应明确规定预科卒业的标准,建议举办"实验班",来验证预科卒业的标准程度能否在一年内达成,并对非实验班预科新生提出整顿方法。

10月11日,北大正式开学,除新教员演说外,蔡校长请胡适也讲几句。胡适说,学生在择业上要考虑自己的性情和能力,不能因为世俗的需要而违背自己的天性。他对北大的希望仍然是提高,即提升学术水准,培养高深学问。他希望学生应该有决心,今后不再罢课了。此外,胡适还报告了学校考试制度和设备方面的情况,指出北大应该有严格的考试与严格的管理。他希望北大一方面要有蔡校长所说的为知识而求知识的精神,一方面又要成为有实力为中国造历史、为文化开新纪元的"学阀"。那个学期胡适增开"杜威著作选读"课程,听课者很踊跃。

11月,北洋政府教育部举办第三届国语讲习所,胡适应邀主讲国语文学史,编了15篇讲义。

胡适一直对教会教育评价不高,是年9月21日,他在参加宴请英美考察教育团成员的酒席上,就教会教育提出了自己的主张:教会的传教运动中最有用的部分并不是基督教,而是近世文明,希望今后的教会教育不要含传教性质。他承认放弃传教运动在当时是做不到的,因此退一步设想,希望把这种散漫平凡的运动改作一种有组织的、集中的、尽善尽美的教育运动。

1920年下半年到1921年,胡适因为身体多病,加上因名声在外,应酬颇多,事情繁杂,学术上的所得不如最初归国那几年,这令自己对此很不满意。他在1920年病中曾作《三年了》一诗，第一节为：

三年了！
究竟做了些什么事体？
空惹得一身病，
添了几岁年纪！

胡适在1921年7月8日的日记中评价自己说："我想我这两年的成绩，远不如前二年的十分之一，真可惭愧！"[1]从研究著述方面看，的确如此。胡适在1921年完成的主要著作是《章实斋年谱》，1922年1月由商务印书馆出版。2月26日，胡适收到商务印书馆寄来的40本样书，他在日记中说："此书是我的一种玩意儿，但这也可见对于一个人作详细研究的不容易。我费了半年的闲工夫，方才真正了解一个章学诚。作学史真不容易！若我对于人人都要用这样一番工夫，我的《哲学史》真没有付印的日子了！我现在只希望开山辟地，大刀阔斧地砍去，让后来的能者来做细致的工夫。但用大刀阔斧的人也须要有拿得起绣花针儿的本领。我这本《年谱》虽是一时高兴之作，它却也给了我一点拿绣花针的训练。"[2]胡适归国后所著的《中国哲学史大纲》、《尝试集》，以及对《红楼梦》等古典小说的研究，都具有开创性的示范作用，也就是他的"开山辟地，大刀阔斧地砍去"，但因为涉猎较广，往往不能继续做专一深入的努力。到了1922年，在古典小说方面，胡适除了为亚东图书馆标点本《三国志演义》作《三国志演义序》外，还完成了《吴敬梓年谱》。此外，胡适在学术方面的主要著述

[1]《胡适全集》（第23卷），安徽教育出版社2007年版，第149页。
[2]欧阳哲生编：《胡适文集》（第2卷），北京大学出版社1998年版，第469页。

还有为《申报》五十周年纪念刊《最近之五十年》撰写的《五十年来之中国文学》和《五十年来之世界哲学》。10月,《先秦名学史》英文版由亚东图书馆出版,为其博士论文。胡适在当年8月28日的日记中对当时的学术界进行了评论:"现今的中国学术界真凋敝零落极了。旧式学者只剩王国维、罗振玉、叶德辉、章炳麟四人;其次则半新半旧的过渡学者,也只有梁启超和我们几个人。内中章炳麟是在学术上已半僵了,罗跟叶没有条理系统,只有王国维最有希望。"[1]

这一年,胡适的主要精力用在创办和编辑《努力周报》,参与全国教育规划改革,以及北大教学研究的管理筹划等事务上。

胡适在1921年的几次演讲中公开谈论政治,但其真正从笔上谈论政治,是从《努力周报》开始。1922年5月7日,《努力周报》第一期出版。《努力周报》的创办主要是受朋友丁文江的影响。胡适归国之初曾有"二十年不干政治,二十年不谈政治"的誓言。据胡适在《丁文江的传记》中的回忆,丁文江对他说:"你的主张是一种妄想:你们的文学革命,思想改革,文化建设,都禁不起腐败的政治的摧残。良好的政治是一切和平的社会改善的必要条件。"因此,虽然高梦旦、王云五等上海的朋友都认为胡适应该闭门著书,办报是下策,但他仍然表示:"我可以打定主意不做官,但我不能放弃我的言论的冲动。"

胡适作了一首《努力歌》作为《努力周报》的发刊词。《努力歌》中有"不怕阻力! 不怕武力! 只怕不努力! 努力! 努力! 阻力少了! 武力倒了! 中国再造了"等句。

5月14日,《努力周报》第二期刊登了胡适与蔡元培、李大钊、王宠惠、罗文干、梁漱溟、高一涵、丁文江等16人联名发表的《我们的政治主

---

[1]《胡适全集》(第23卷),安徽教育出版社2007年版,第150页。

张》一文，此文主要由胡适撰写，主旨是主张"好政府主义"。文中指出：
"'好政府'的至少含义是：在消极方面，要有政党的机关可以监督防止一切营私舞弊的官吏；在积极方面，第一要充分运用政治的机关为社会全体谋充分的福利，第二要充分容纳个人的自由，爱护个性的发展。"

《努力周报》主要由胡适编辑，在《努力周报》第十二期的《这一周》时评中，胡适评论陈炯明所部围攻孙中山驻地事件："我们并不是替陈炯明辩护。陈派的军队这一次赶走孙文的行为，也许有可以攻击的地方，但我们反对那些人抬出'悖主'、'犯上'、'叛逆'等旧道德作死尸来作攻击陈炯明的武器。"[1]胡适的观点引起孙中山支持者的强烈不满，他们在《国民日报》上对胡适进行了抨击，有人甚至说他"丧心病狂"。

这一年，胡适在政治上引起异议的还有面见溥仪的事情。5月17日，溥仪打电话约胡适第二天面谈，胡适因有事改期。5月30日，胡适到故宫见溥仪，二人谈及新诗创作、白话，以及出洋留学等事。没想到舆论界对此事颇有异议，甚至有"胡适为帝者师"之类的谣传。7月23日，胡适作《宣统与胡适》一文，为自己辩解。他说："这件本来很有人情味儿的事，到了新闻记者的笔下，便成了一条怪诞的新闻了。"

胡适在这一年两次到济南参加全国教育会议，一次是7月的中华教育改进社第一次年会，一次是10月的第八届全国教育会联合会。在7月的会上，胡适参与推行国语教育、英国和日本赔款用途等问题的讨论和规划。10月份的教育会议主要讨论的是新学制问题，胡适以北京代表的身份参会，提出调和学制会议原案与广州议案的主张，并作为新学制的主要起草者之一，对新学制的起草完成起到非常重要的作用。新学制的主要内容包括：将小学七年制改为六年制，中学四年制改为六年制（三三制），取

---

[1]欧阳哲生编：《胡适文集》（第2卷），北京大学出版社1998年版，第469页。

消大学预科。大学本科仍为四年，学生从大学本科毕业后进研究院。中等教育分为普通教育与职业教育两条路（师范教育包括在职业教育内）。中等教育中的普通教育提倡多设初中，每省只设立一所高中。11月2日，新学制正式公布，除小变动外，全部依据济南大会起草的方案。胡适在当天的日记中说："这一次我们把学制案告一结束，总算是一件快意的事。"[1]

胡适一直对作为全国最高学府的北大所取得的学术成就不是很满意。1922年，他致力于北大研究所国学门和北大学术刊物学术著作的设计谋划。2月28日，北大研究所国学门召开第一次会议，胡适被推举为《奖学金章程》的起草人及国学门杂志主任编辑，不久，他起草的《助学金及奖学金条例》获得通过。1920年起，胡适任北大出版委员会委员长，1922年3月8日，他召集出版委员会，讨论了出版计划、《北大月刊》的管理办法，以及计划出版三种丛书《北京大学丛书》（英文类）、《北京大学国故丛书》、《北京大学国故小丛书》。胡适在日记中说："此三事甚满意，为将来开无数法门。"[2] 3月16日，胡适参加《北大月刊》编辑部会议，会议决定废止月刊，另出四个季刊：《国学季刊》、《文艺季刊》、《自然科学季刊》、《社会科学季刊》，其中《国学季刊》由胡适负责。3月21日，《国学季刊》编辑部开会，决定该刊采用横排，做英文提要，这在当时的国内属于首创。

除此之外，胡适还在是年3月为北大拟订了《学术上的组织》草案。4月19日，他当选为北大教务长及英文系主任，在教学管理方面的时间投入较前为多，并有很多关于北大未来发展的提议。在10月3日的北大评议会上，他提议组织新建筑金募款委员会，即日起开始募款，悬额40万元，主

---

[1]《胡适全集》（第23卷），安徽教育出版社2007年版，第191页。
[2] 欧阳哲生编：《胡适文集》（第2卷），北京大学出版社1998年版，第469页。

要用于建设图书馆、大讲堂和宿舍，这项提议获得了通过。10月7日，他又在教务会议上提出一个议案："本科各系学生之第一外国语，此后不限定必修单位；但每人于毕业之前，须经过一次外国语特别考试，要须能以中西文为正确的互译；不及格者，不得毕业。"，此项提议也获得了通过。

胡适除了为北大的发展出谋划策，还积极为全国高等教育的发展献计献策。是年6月10日，蔡元培先生邀集胡适等人讨论高等教育问题，胡适提出两项建议：（1）组织国立大学联合会；（2）第一大学区（北京）国立各校合并。

此外，胡适也很关注在华教会学校的问题，并坚持自己的主张。5月23日，胡适应邀与燕京大学教员座谈，讨论"教会学校在中国教育制度上的位置"问题。胡适首先肯定了蔡元培在《教育独立论》中关于教会学校的意见，然后介绍了世界各国对于教会学校实施的英德式、美国式、法国式三种政策，讨论了法国式和美国式政策在中国实行的困难。最后他希望教会内部自行改良以适应时势的需求，包括禁止小学校中之宗教教育；废止一切学校中之强迫的宗教仪节；与其教授神学，不如鼓励教授宗教史与比较宗教；传教的热心不当为用人之标准，当以才能学问为标准等内容。

是年，胡适在北京、天津和济南等地作了多次演讲，内容涉及国语教学、科学的人生观、道德教育、妇女问题、平民自治等问题。其中2月19日胡适在平民中学演讲《学生与社会》，指出教育对于人的作用："教育的功效在给我们戴上一副眼镜，使我们看的远些，看的清楚些。平时看不出毛病来的地方，现在看出毛病来了。这便是教育收功的证据。若受了教育之后，仍旧觉得事事满意，你就上了当了，你只戴上了一副平光眼镜，只可摆样子，不配用！"[1]

---

[1]《胡适全集》（第23卷），安徽教育出版社2007年版，第195页。

是年9月3日，《努力周报》副刊《读书杂志》第一期出版。胡适在当天的日记中感叹："两年的志愿，到今年始得看见第一期！"

由于过于劳碌，12月10日，胡适生病，医生不让其工作，于是胡适被迫将《努力周报》的编辑事务交给高一涵。12月17日，胡适在病中迎来了自己的31周岁生日和北大24周年校庆，他在《北大日刊》上发表《回顾与反省》一文，指出北大五年来有两大成绩：一是组织上的变化，从校长学长独裁制变为教授治校制；二是注重学术思想的自由，容纳个性的发展。但胡适也指出，北大也存在学术上很少成绩，自治的能力很薄弱等遗憾。文中最后的祝词是："祝北大早早脱离稗贩学术的时代，而早早进入创造学术的时代。祝北大的自由空气与自治能力携手同程并进。"

12月24日，胡适发表《启事》："我因为年来不知节劳，起居无度，以致久病；现已得校长允许，自12月17日起，离校休假。以后朋友赐教，请直寄北京钟鼓寺十四号转。"12月29日胡适住进北京协和医院进行检查治疗，次年1月6日，胡适出院后在《努力周刊》上发布启事，说此次检查结果已断定不是糖尿病。

胡适出院后在家养病休假，继续主编《努力周刊》，并得闲读书著述。归国五年多之后，胡适终于可以闲下来做点儿自己的事情，包括给多年没有联系的女友韦莲司写信。他在3月12日给韦莲思的信中说："现在我成为一个自由人——五年多来的第一次自由。在过去的五年里，时间不是我自己的。"

1923年1月17日，蔡元培为抗议国务会议通过教育总长彭允彝干涉司法独立、蹂躏人权的提议，辞去北京大学校长之职。胡适在1月18日作《蔡元培以辞职为抗议》一文加以支持，指出蔡元培的此次辞职"确然可以促进全国国民的反省，确然可以电化我们久已麻木不仁的感觉力"。1月25日，胡适又作《蔡元培与北京教育界》一文，他在文中主张北京教育界应该认清蔡先生"不愿为一人的缘故,牵动学校"的苦心,应该继续维持各学校。文中还说:"这几年的经验给我们的教训是:一切武器都可用;只有'罢课'一件武器,无损于敌人而大有害于自己,是最无用的。"文中最后对政府提出两项忠告:彭允彝不能不去;北京大学的校长不能随便任命。1月28日,胡适又发表《蔡元培的"不合作主义"》一文,指出在这个混浊黑暗无耻的国家里,蔡元培的不合作主义是不会成功的,但他这种使人们反省的正义的呼声却是不可不有的。2月4日胡适又发表《蔡元培是消极吗》一文,肯定并支持蔡元培"有所不为"的精神。

1923年1月,胡适主编的北大研究所国学门刊物《国学季刊》第一期出版,胡适在《发刊宣言》中首先对近三百年国故研究的成绩与缺点进行了总结,最后提出"整理国故"的三个要点:

第一,用历史的眼光来扩大研究的范围。

第二,用系统的整理来部勒研究的资料。

第三,用比较的研究来帮助材料的整理与解释。

胡适提出的这三点对于之后的国学研究具有路径和方法上的指导作用。

2月4日,胡适根据新获得的材料对以前所作的《西游记序》进行了修改和补充,完成了《〈西游记〉考证》一文。

3月4日,胡适应清华学校四位即将出国留学青年之请,拟了《一个最低限度的国学书目》,胡适说:"这虽是一个书目,却也是一个法门。这个法门可以叫做'历史的国学研究法'。"

4月初,胡适开始作英文的《中国的文艺复兴时代》一文,认为"此题甚不易作,因断代不易也"。胡适认为中国的文艺复兴时期自宋代起,王学之兴是第二期,清学之兴是第三期,新文化运动是第四期。

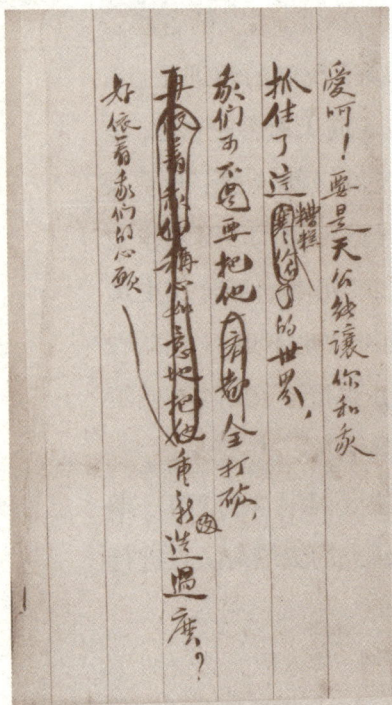

1924年前后胡适翻译莪默诗手稿。

　　4月，丁文江在《努力周刊》上发表《玄学与科学》一文，批评张君劢关于人生观的演讲，引发了"科玄论战"，胡适起初并未加入论战。4月21日胡适离开北京到上海，5月11日在上海发表《孙行者与张君劢》，文章中说："张君劢的一个觔斗仍旧跳不出赛先生和逻辑先生的手心里。"是年11月，胡适作《科学与人生观》序，作为对"科玄论战"的总结。

　　胡适4月23日到上海，4月底至5月初曾到杭州游玩，回到上海后在朋友索克思（George E. Sokolsky）家中养病，看看小说，写写文字，难得清闲如此。6月8日，胡适再到杭州，与高梦旦、蔡元培等人游玩，胡适喜欢上了烟霞洞的风景，于是在6月24日搬上烟霞洞。胡适在杭州养病期间，与在杭州读书的表妹曹诚英产生恋情，两人游玩杭州山水，一起月下静坐，一起下棋，共读《续侠隐记》，这一切对于归国后一直处于忙碌紧张状态的胡适来说，实在是"神仙生活"了。这期间胡适作诗也很有兴致，较前几年为多，取名为《山月集》。但是好景不长，造物弄人，是年10月3日，胡适将离开烟霞洞时，在日记中记道："睡醒时，残月在天，正照着我头上，时已三点了。这是在烟霞洞看月的末一次了。下弦的残月, 光色本凄惨; 何况我这三个月在月光之下过了我一生最快活的日子! 今当离别, 月又来照我。自此一别, 不知何日再能继续这三个月的烟霞山月的'神仙生活'了! 枕上看月徐徐移过屋角去, 不禁黯然神伤。"[1] 胡适与曹诚英的恋情最后无果而终, 但胡适念念不忘这段感情。是年12月22日胡适在西山秘魔崖养病时有感而发, 作《秘魔崖月夜》一诗。其中有一段这样写道:

> 翠微山上的一阵松涛,
> 惊破了空山的寂静。
> 山风吹乱了窗纸上的松痕,
> 吹不散我心头的人影。

10月5日, 胡适回到上海。10月10日, 胡适在《努力周刊》上刊登启事, 说由于身体原因, 决定第七十五期《努力周刊》出版后暂时停刊, 将来改组月刊或半月刊。10月15日, 胡适著有《一年半的回顾》一文, 对《努力周刊》一年半的言论作了总结, 胡适说: "我们深信, 有意识的努力是决不会白白地费掉的。"

10月19日, 胡适再到杭州, 与朱经农、徐志摩、曹诚英等一起游西湖等地, 11月2日, 胡适回到上海。12月5日, 胡适回到北京。胡适后来在《我的年谱·民国十二年》一文中总结说: "这一年可算是在病中过了的。……这一年没有在北京大学上课, 也没有做什么重要的著述。"

胡适回北京后身体没有完全恢复, 加上女儿素斐病重, 两次病危, 继侄儿胡思永之后, 另一个侄儿胡思聪也不幸夭折, 可以说1924年是胡适

---

[1] 欧阳哲生编:《胡适文集》(第2卷), 北京大学出版社1998年版, 第469页。

心情颇为不佳的一年，当年的日记只记到1月27日。他在《一九二四年的年谱》中说："今年真是糊里糊涂地过去了。教了一学期的书，此外什么事情也没有做。"[1]他在年初曾戏作《烦闷》一诗，诗中有这样几句：

> 很想寻点儿事做，
>
> 却又是这样的不能安坐。
>
> 要是玩玩罢，
>
> 又觉得闲的不好过。

1924年4月，泰戈尔到北京，胡适与其常有接触。7月，胡适在大连演讲四次。8月，胡适与丁文江夫妇在北戴河避暑，他觉得"这一个月要算是近年最快活的日子"。这一年中，胡适主要的著作有《戴东原的哲学》、《费经虞与费密》等，而计划作的《禅宗史稿》、《清代思想史》等著作都没有完成。这一年的2月8日，胡适作《古史讨论的读后感》一文，对顾颉刚"层累地造成的古史"的观点非常赞赏，认为这是"今日史学界的一大贡献"。

是年10月23日，冯玉祥发动北京政变，曹锟下野。11月5日，冯玉祥的军队逐溥仪出宫。胡适当晚给外交总长王正廷写信，说："我是不赞成清室保存帝号的，但清室的优待乃是一种国际的信义，条约的关系。条约可以修正，可以废止，但堂堂的民国，欺人之弱，乘人之丧，以强暴行之，这真是民国史上的一件最不名誉的事。"此外，胡适希望新组建的政府保证清室安全，保护清宫文物。胡适的这封信被报纸刊载后，引起周作人、钱玄同等朋友的不同意见的讨论。

---

[1] 欧阳哲生编：《胡适文集》（第2卷），北京大学出版社1998年版，第469页。

1925年11月，胡适与高梦旦（左一）、郑振铎（左二）、曹诚英（右一）游南京鸡鸣寺。

1925年任北大英文系主任的胡适。

　　11月10日，孙中山发表《北上宣言》，"主张召开国民会议，以谋中国之统一与建设"。在国共两党的推动下，全国很快掀起促成国民会议运动的高潮。作为应对，北洋段祺瑞政府在年底公布了《善后会议条例》，筹备召开善后会议，胡适也在被邀请之列。虽然胡适的很多朋友都反对他参加善后会议，但他还是接受邀请并参加了。胡适的理由是：自己的主张与此稍接近，不愿意学时髦人谈国民会议，看不过一般人的轻薄论调。但是，胡适很快对善后会议感到失望，于3月4日辞去了"善后委员"一职。胡适在政治上一向坚持自己的思考和判断，往往有与众不同的看法。此次反对驱逐溥仪和参加善后会议，让当时的国人觉得当年的新文化运动领袖似乎有些落伍了，胡适为此遭到了很多非议。

　　1925年对胡适来说也是很不如意的一年，政治上的主张遭到很多人的抨击，学术上除了完成《戴东原的哲学》长文和三篇古典小说的序外，其他成就也很少，女儿素斐不幸夭折，与表妹曹诚英的恋情因为江冬秀的决绝反对而被迫放弃。

"五卅惨案"爆发后,胡适与罗文干、丁文江、颜任光发表了三千多字的英文电报抗议英国军警暴行。

9月25日,心灰意冷的胡适到达武汉,29日在武昌大学作《新文学运动之意义》的演讲。11月11日,胡适给北京大学代理校长蒋梦麟写信,提出辞去教职,专心著述,但未获准许。

胡适一直对英国退回赔款支持中国教育之事很关注,并提出了自己的设想和意见。1925年3月,胡适与丁文江、王景春一同被聘为"中英庚款顾问委员会"中方委员。1926年,胡适的主要时间都用在此事上。3月,胡适参加了"中英庚款顾问委员会"的"中国访问团"活动,到上海、汉口、南京、杭州、天津、北京等地考察。

6月6日,胡适作《我们对于西洋文明的态度》一文,批驳"西方文明是唯物的,东方文明是精神的"这一说法,认为西方近代文明能够满足人类心灵上的要求的程度,远非东方旧文明所能及。胡适指出,"东方的文明的最大的特色是知足,西洋的近代文明的最大的特色是不知足";西洋文明是精神的文明,是真正理想主义的文明,绝不是唯物的文明。

7月17日,胡适离开北京,远赴英国参加中英庚款委员会议。途经苏联时,胡适与蔡和森等人交谈,通过实地参观,胡适对苏联有了新的认识,他在8月2日给张慰慈的信中说:"对于苏俄之大规模的政治试验,不能不表示佩服。……在世界政治史上,从不曾有过这样大规模的'乌托邦'计划居然有实地试验的机会。"8月27日胡适在给徐志摩的信中,对苏联也是大加赞赏,他说莫斯科人"真有一种'认真''发愤有为'的气象"。

8月4日,胡适到达伦敦。参加庚款会议之余,胡适在巴黎法国国家图书馆、伦敦大英博物馆查阅抄写敦煌写本中关于唐代禅宗的史料,并在英国各地演讲。

  1927年初，胡适到美国，此次美国之行的主要目的是到母校哥伦比亚大学申请博士学位，结束他归国后一直流传的"冒充博士"的流言。此外，胡适还会见了十年未见的女友韦莲司。4月，胡适踏上归国旅途，24日到达横滨时，胡适得知蒋介石屠杀共产党人的"四一二"事变。上海的朋友高梦旦等人劝胡适暂时不要到上海，顾颉刚也写信给胡适，告诉他此时回北京也不利。经过思考，胡适决定回上海。

五　执掌中国公学

1930年5月19日，胡适卸任中国公学校长后与该校董事长蔡元培、新任校长马君武、社会科学院院长高一涵、总务长丁燮音合影。

　　1927年5月底,胡适到达上海,不久即在极司斐尔路49号甲租下一幢楼房,开始了三年多相对闲暇的生活。

　　这一年8月,胡适应聘为私立光华大学教授。他在给江绍原的信中说:"我现在教六点钟书,维持生活费,余力则编书。"[1]胡适在上海的最初一年,除了教授很少的教书课程外,主要从事研究著述。这一年中,胡适开始在原来《国语文学史》讲义的基础上改写《白话文学史》,此书与《中国哲学史大纲》一样,只写了上卷。胡适在1928年3月29日给钱玄同的信中解释说:"上册只写到白居易,已有十九万字,只好暂告一结束,留待十年后再续下去。"[2]可惜的是,胡适因为太忙,兴趣转换又太快,这个想法始终没有实现。此外,胡适写了几篇关于禅宗和《红楼梦》的文章,为亚东图书馆标点本《官场现形记》作序,在上海同文书院作《几个反理学的思想家》的演讲,后整理成文。除教书著述之外,胡适在到上海不久后就与徐志摩、闻一多、梁实秋等人创办新月书店,胡适被选为董事长和编辑委员会委员。1928年3月,《新月》月刊创刊,此后胡适在《新月》上发表了不少文字。1928年4月,胡适还带儿子祖望与朋友

---

[1]《胡适全集》(第23卷),安徽教育出版社2007年版,第463页。
[2]《胡适全集》(第23卷),安徽教育出版社2007年版,第488页。

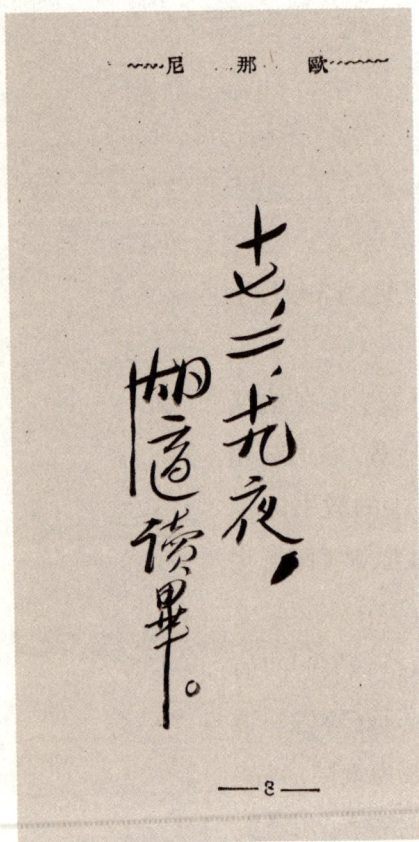

1928年2月19日夜胡适读完曾朴所译的《欧那尼》后在书中题记。

沈崑三、高梦旦等到庐山游玩一周，回到上海后写有《庐山游记》一文。

然而这种轻松自在的日子在一年后终于结束了，原因是胡适答应担任母校中国公学的校长。他在1928年4月26日的日记中说明了此事的起因："今天套上一件镣铐，答应了去做中国公学的校长。近来中国公学有风潮，校长何鲁不能回去，校董会中一班旧同学但怒刚、朱经农、丁燮音、刘南陔诸君，与云五（旧日教员，也是校董）等都来逼我。今天云五邀我吃饭，与怒刚诸人劝我，我一时高兴，遂允为维持两个月。此事殊不智，事后思之甚懊悔。"[1]

胡适很珍惜来之不易的自由闲暇，因为借此可从容读书作文，实现自己的一些研究计划。但胡适知道，自己在中国公学读书的经历是一生的重要转机，作为中国公学的校友和校董，看到母校危机，虽不是很情愿，但还是应该勇于担当重任。

4月30日，胡适到中国公学正式就任校长之职，与他一同上任的还有新任总

[1]《胡适日记全集》（第5卷），台湾联经出版事业公司2005年版，第74页。

务长但懋辛、秘书长丁鼝音。中国公学全体师生召开大会欢迎胡适，大会由中国公学第一任总教习马君武主持，他在致辞中说："一九〇六年胡先生考进中公时，我就认定已替中公取了一位好学生；不但成绩好，品行好，风采也很好。果然，二十年后的今天，这位当年的好学生已经成为国际著名的学者了。现在由他回到母校来做校长，是我们中国公学最光荣的事，也是我感到生平最高兴的事。"胡适也发表了就职致辞，他回顾了中国公学创办的历史，并特别发挥中国公学"公"字的意义，以此作为品格教育的最高目标。就职典礼后，胡适仔细考察了中国公学的情况，深感困难重重，责任很重。他在当天的日记中写道："与但怒刚同到中国公学。虽然受了很热烈的欢迎，但我细看校中情况，很难有办法。最难的是经济方面，熊、但诸君虽任此事，然他们都不是很有手腕的财政家，况在这各方面都穷困的时期呢？"[1]

5月3日，胡适到中国公学办公，发现学校连一本校规都没有，于是决定从组织和法律方面入手，整顿学校。5月5日，胡适到校召集校务会议，通过了三个议案：（1）校务会议组织大纲；（2）教务会议组织大纲；（3）学校章程起草委员会。此外，由于之前中国公学校董名额随时增加，没有定额，导致分散在各省的校董总计不下百人，胡适认为这样的后果是"召集既甚困难，组织又不合现行制度"。因此改组校董会也成为当务之急。

在胡适的建议下，中国公学校董会于6月10日在上海开会，会议根据大学院颁布的私立学校校董会规程，通过了校董会章程，决定校董名额为15人，每两年改选三分之一的校董。接着会议由校董会投票选举蔡元培、于右任、熊克武、胡适、杨铨、王云五、但懋辛、马君武、丁鼝音等15人为新校董。校董会还通过了中国公学组织大纲13条。

[1]《胡适日记全集》（第5卷），台湾联经出版事业公司2005年版，第81页。

胡适当初答应接任中国公学校长，主要是为了解决中国公学的风潮，原定任期只维持两个月。因此，会议当天胡适向校董会提出辞职，但未能获准。中国公学的组织大纲中有设副校长的规定，就是为胡适继续担任校长准备的。当天的会议通过决议，聘请高践四或杨亮功为副校长。高践四，早年留学康奈尔大学，归国后曾任中国公学教授。杨亮功，安徽巢县人，早年毕业于北京大学中文系，后留学美国，先后获斯坦福大学教育硕士，纽约大学教育学院哲学博士学位。由于议题较多，会议从中午十二点一直开到晚上七点。这次会议改组了校董会，通过了组织大纲，基本上达到了胡适从组织和法律入手解决中国公学问题的目的。

是年5月、6月，胡适两次到南京参加教育会议。5月18日，胡适到南京参加全国教育会议，会议期间胡适很低调，基本没有发言，只是在国民政府宴会上对于国家建设方案的实行提出三个要求：（1）给我们钱；（2）给我们和平；（3）给我们一点点自由。6月15日，胡适再次到南京，此次是以大学院大学委员的身份参加大学委员会议，讨论中央大学风潮和北京大学改名中华大学之事。胡适主张北京大学之名不宜废掉，并且反对李石曾担任校长，认为最好仍请蔡元培兼任校长。胡适的主张遭到吴稚晖、易培基等人的反对，会上有激烈争论。此外会议还讨论了高中以上军事教育案，胡适提出两点：（1）男生也不宜一律受军事教育，宜加"除男生有体格上不合，或有正当主张不愿加入者外"。认为爱国固然重要，但个人自由亦不宜太抹杀。（2）原案定六年太多，主张高中二年，大学二年。以上两条第二条获得通过，第一条没有被通过。

6月17日，胡适与杨亮功商谈，劝他做中国公学的副校长，杨亮功最后答应了。这一年的暑假，杨亮功到校任事。有了杨亮功替胡适驻校办事，胡适可以不必时常到校了。

6月25日，胡适到中国公学参加校长就职典礼。胡适在当天的日记中说："套上这一箍，不知何日能解下。我所以不忍一丢就走的缘故有三：（1）熊锦帆、但怒刚、丁爕音诸同学真热心办此事，我不忍丢了他们就走；（2）这个学堂当初确然于我个人的发展曾有大影响，我若不进中公，后来发展的方向当不同；（3）此时我行就职礼，可以表示一种态度，表示我不想北去。"[1] 最后一点是指胡适反对李石曾担任北大校长，有人怀疑胡适自己有北上担任北大校长的打算。

7月8日，妻子江冬秀完成在上庄督造胡适祖坟的事情后，带儿子小三（思杜）到上海，一家人得以团聚。胡适在日记中说："我们分别五个多月了。"

这一年的暑假，胡适与杨亮功等人商量学校院系设置的调整。大家都觉得前任校长何鲁任内所定四院十七系的规模太大了，不是中国公学的经济状况所能负担的。胡适主张把法律系废去，把理科三系合为数理学系。经过讨论决定，自1928年暑假起，裁撤工学院与法学院，其余学系也经裁并，改为文理学院及社会科学院，共两院七系。胡适自兼文理学院院长，高一涵任社会科学院院长。其中将文学院与理学院合并为文理学院，体现了胡适打通文理两科的主张，意在使学理科者有人文修养，

胡适藏书上钤盖的上海住址印章。

---

[1]《胡适日记全集》（第5卷），台湾联经出版事业公司2005年版，第200页。

学文科者有数理科学的训练。

对于教授的聘请，胡适非常重视，并且有明确的标准，如中国文学教授，他认为必须旧学有根基而对于新知识也有相当研究者，才算合格。同时胡适又不拘于资格和学历，不分派别。以中国文学系为例，当时聘请王闿运的学生马宗霍教先秦文学、《说文》，左派作家白薇教戏剧，后来结为夫妇的陆侃如和冯沅君教古典诗词考释，青年作家沈从文教小说创作，郑振铎教西洋文学史，梁实秋教文学。其中陆侃如、冯沅君、沈从文都不满30岁，而且沈从文只有高小学历。胡适聘用沈从文是徐志摩的推荐，虽然沈从文第一堂课因为紧张站在讲台上十多分钟说不出话，但后来的事实证明，沈从文以专深的知识和才气得到了学生们的肯定。胡适的名气不仅吸引了许多有真才实学的学者到中国公学任教，也吸引了不少人报考中国公学，一年之间，中国公学的学生由300余人增加到1300余人。据罗尔纲回忆，当时他所在的班有一位六十岁左右的老学生，比胡适还要大二十多岁，本来已经高等师范毕业，教了多年中学，因为仰慕胡适而放弃工作重新求学。

9月12日，中国公学开学，胡适本想辞去一切课程，专心管理学校和从事研究，但中国公学的学生都希望能够亲炙胡适教诲，亲眼目睹胡适讲课的风采，胡适于是选了一门别的教授不愿教的课——中国文化史。这门课对胡适来说也很陌生，只好从头学起，认真备课，现"蒸"现"卖"。

据杨亮功回忆，胡适主持中国公学基本上是无为而治，"除有关校务的重要政策须亲自参与决定外，余多不大过问"。当时中国公学的主校区位于吴淞炮台，是淞沪铁路的终点站。胡适每周到学校一次，除了在礼堂讲两小时的大课，其他时间用来集中处理重要校务，此外还要接见师生，为学生题字或看文稿。有时候学校有重要集会，或者在纪念周里请校外的人来作演讲，胡适也赶到学校主持；遇上外国学者的演讲，胡适还亲自担任翻译。

胡适虽然到校次数不多，但对学生、老师遇到的问题都很重视，想办法开导解决。当时有一位名叫刘公任的学生因为恋爱问题很苦恼，给胡适写信。胡适在给他的回信中耐心地对他进行劝导，告诉他应该怎样处理，指出"真爱情是不一定求报答的"。而"恋爱只是生活的一件事"，不是最重要的事。中国文学系的教员白薇与同系的陆侃如、冯沅君夫妇产生矛盾，写信给胡适提出四条质问，胡适一一做了答复，最后以自己的信条劝说白薇："做学问要于不疑处有疑，待人要于有疑处不疑。"

胡适非常重视学生的读书学习。作为实验主义的提倡者，他希望学生能够在学业上不断追求进步，常教导学生做学问要能不断发现问题，研究问题和解决问题。同时他也希望学生们毕业后不要放弃做学问。胡适在《中国公学十八级毕业赠言》中说：

诸位毕业同学：你们现在要离开母校了，我没有什么礼物送给你们，只好送你们一句话罢。这一句话是："不要抛弃学问。"

以前的功课也许有一大部分是为了这张毕业文凭，不得已而做的，从今以后，你们可以依自己的心愿去自由研究了。趁现在年富力强的时候，努力做一种专门的学问。少年是一去不复返的，等到精力衰竭，要做学问也来不及了。

即为吃饭计，学问决不会辜负人的。吃饭而不求学问，三五年之后，你们都要被后进少年淘汰掉的。到那时再想做点学问来补救，恐怕已经太晚了。

……

易卜生说："你的最大责任是把你这块材料铸造成器。"学问便是铸器的工具。抛弃了学问便是毁了你们自己。

再会了！你们的母校眼睁睁地要看你们十年之后成什么器。

　　杨亮功还回忆说："胡先生在学校积极提倡学生写作，他认为这样可以引起学生的读书兴趣。学校创办有《吴淞月刊》。当时学校教授中作家甚多，影响所及，学生方面亦创办有许多刊物如《野马》等。"[1] 此外，胡适还非常支持学生自己创办的《中国公学三日刊》。1929年底，针对一些学生对于某一学生组织用"中国公学"名义办此报刊的疑问，胡适公开表示，私人组织可以用"中国公学"名称，并且说美国著名大学的刊物都是如此。他还强调：学校不会干涉《中国公学三日刊》的发展，学生会也不会干涉。胡适还为该刊题写了1930年新年贺词："种种从前，都成今我。莫更思量更悲哀。从今后，要那么收果，先那么栽。祝大家新年进步！"

　　胡适在自己求学期间积极参加课外活动，非常活跃，对于中国公学学生的各种学术研究会和讲演会也非常支持，有时还亲自担任演讲竞赛的评判员。胡适自己非常擅长演讲，也很有心得，他告诉学生演讲的要点：第一是口齿要清楚，第二是说话要慢，而演讲稿的好坏则取决于思想组织的能力。由于胡适的提倡和支持，学生的演讲水平有很大提高。1929年12月，中国公学、复旦大学、持志大学、劳动大学四所淞沪大学在持志大学举行演讲比赛，结果中国公学夺得第一名。

　　胡适也非常重视学生的体育运动，认为体育运动不仅可以强健体魄，还可以磨练意志，培养坚忍进取的精神和集体荣誉感。1930年4月28日，他亲自作《中国公学运动会歌》：

　　健儿们，大家上前！

　　只一人第一，

---

[1] 杨亮功：《胡适之先生与中国公学》，欧阳哲生选编：《追忆胡适》，社会科学文献出版社2000年版，第251页。

要个个争先。

胜固然可喜，

败也要欣然。

健儿们，大家上前！

健儿们，大家齐来！

全体的光荣，

要我们担戴。

胜，要光荣的胜，

败，也要光荣的败。

健儿们，大家齐来！

胡适为《中国公学三日刊》题写的报名。

胡适深知图书馆对于学习知识的重要性，1930年6月初，他在中国图书馆协会本年度年会的讲话中指出，良好的教师可遇不可求，图书馆则可求而可得。能够供给真正知识的，图书馆才是真正的教师。他在中国公学期间，对设在上海的社会科学院图书馆进行了整顿扩充，每日到馆学生有百余人。同时，校图书馆一改以往无任何统计的积习，计划进行各项统计，包括各系学生借书统计表、借出各种书籍分类比较表、各年级学生借书比较表等，为图书馆的科学管理奠定了基础。

胡适在上海期间，经常把星期天的时间空出来以接待来访者。他在1928年7月1日的日记中记载："今天是星期，我家中来客最多，终日会客。这是冬秀所谓'做礼拜'也。"[1]江冬秀后来回忆了当时的一件趣事：一天，一位德国学者来访，胡适沿着楼梯下来，那人赶紧说："我不是找你，

[1]《胡适日记全集》（第5卷），台湾联经出版事业公司2005年版，第223页。

是找你的父亲。"胡适笑着说:"我就是胡适。"德国学者大为惊奇,说:

"我早就读过你的著作,总以为是一位老先生,原来你还这么年轻!"

胡适在上海期间,除了研究著述,管理中国公学外,还十分关心国家的前途。1928年12月14日,胡适作《新年好梦》一文,提出六个梦想:第一,我们梦想今年全国和平,没有一处刀兵。第二,我们梦想今年全国裁兵,——有计划的裁兵,确确实实的裁兵。第三,我们梦想今年关税新税则实行后,一切苛捐杂税可以完全取消。第四,我们梦想新成立的铁道部在本年内能做到下列几项成绩:(1)把全国已成铁路收为真正国有,不许仍旧归军人有。(2)把各路收入完全用在各路的建设事业上。(3)筹划几条不容再缓的干路。第五,我们梦想今年全国实行禁绝鸦片。第六,我们梦想今年大家有一点点自由。

1929年3月,胡适与徐志摩、梁实秋、罗隆基、叶公超、丁西林、潘光旦等人组织平社,经常聚会讨论,从各方面研究"中国问题"。这一年当中,胡适忍不住再谈政治,他在当年6月2日写给张元济的信中说:"我也很想缄默,但有时候终觉有点忍不住,终觉得社会给了我一个说话的地位,若不说点公道话,未免对不住社会。况且我有一种信仰:'天下无白白地糟蹋的努力',种豆种瓜终有相当的收获。不种而获,则为不可能的事。自由是争出来的,'邦有道'也在人为,故我们似宜量力作点争人格的事业。"[1]是年4月到6月,胡适先后在《新月》上发表了《人权与约法》、《知难行亦不易》、《我们什么时候才可有宪法》三篇文章,批评南京国民政府,并对孙中山的"知难行易"说有所辩驳。胡适的文章发表后,得到某些人士的支持和赞赏,但也遭到各地国民党代表和党部的声讨。9月25日,国民政府下令教育部警告胡适。胡适在10月7日致信当时的教育

---

[1]《胡适全集》(第24卷),安徽教育出版社2007年版,第13页。

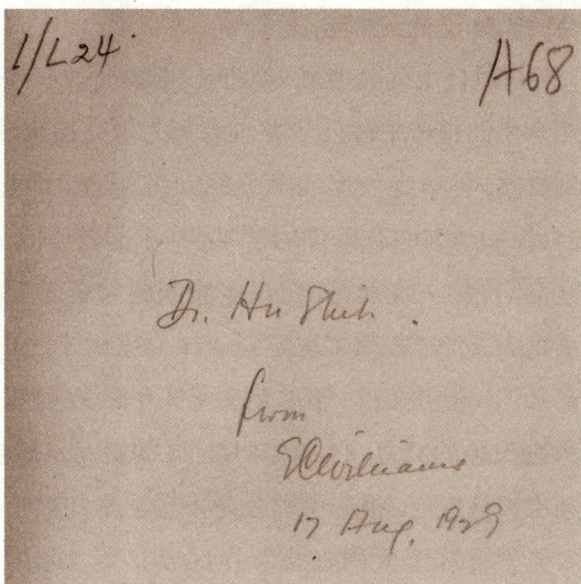

1929年8月韦莲司赠胡适的 *A Preface to Morals*。

部部长蒋梦麟，信中说："十月四日的'该校长言论不合，奉令警告'的部令，已读过了。这件事完全是我胡适个人的事，我做了三篇文章，用的是我自己的姓名，与中国公学何干？你为什么'令中国公学'？该令殊属不合，故将原件退还。又该令文中引了六件公文，其中我的罪名殊不一致，我看了完全不懂得此令用意何在。"[1] 11月19日胡适又写成《新文化运动与国民党》一文，继续对国民党进行批评，指出国民党的主张与新文化运动相背离："新文化运动的根本意义是承认中国旧文化不适宜于现代的环境，而提倡充分接受世界的新文明。但国民党至今还在那里高唱'抵制文化侵略'，还在那里高谈'王道'和'精神文明'。……根本上国民党的运动是一种极端民族主义运动，自始便含有保守的性质，便含有传统文

---

[1]《胡适日记全集》（第5卷），台湾联经出版事业公司2005年版，第854～855页。

化的成分。"[1]

　　胡适任中国公学校长期间，学校向政府申请立案问题尚未解决。虽然学生们报考中国公学并没有因为胡适遭到国民党政府的"警告"而受到影响，但毕竟立案问题关系到将来学生毕业的前途。正如1929年11月25日，一位名叫陈国俊的学生在《中国公学三日刊》上发表的名为《学校立案问题》一文所指出的，立案问题对于学校的名誉和学生的前途都关系重大。当时的很多规定对于未立案大学的毕业生有很多限制：不能当律师，不能考县长，不能当省立中学的教授等等。胡适为学校立案作过多次积极的努力，1929年8月1日，胡适写信给当时教育部的部长蒋梦麟和次长马叙伦，报告中国公学申请立案却被上海市教育局延误的情况，希望教育部派人调查此事并促成立案。此事终因胡适当时对时政的批评等种种原因未能如愿。到了1930年初，胡适不愿因为自己的思想言论影响学校的立案，影响学生们将来毕业后的前途，于是向校董会提出辞职，并于1月12日获得批准。2月8日，胡适发表辞去中国公学校长公告，公告说"我自民国十七年四月底到校任事以来，已近二十个月了。这廿个月之中，多承诸位同事的努力和同学的体谅，我的职务实在是很轻松的。"胡适接着说，中国公学已达到学生上千人的规模，自己的管理能力有限，因此辞去校长之职，推荐马君武担任校长。辞职后自己准备结束一些学术研究工作，然后到美国耶鲁大学讲学。公告一出，中国公学的教师、学生都很震惊。2月14日，中国公学全体教员召开大会，议决以黄念远、胡耀楣为代表，竭诚挽留胡适。校董会担心胡适的辞职会引起风潮，决定让胡适再维持一个时期。5月初，胡适又向校董会提出辞职，中

---

[1] 转引自胡颂平编著：《胡适之先生年谱长编初稿》（第3卷），台湾联经出版事业公司1984年版，第804页。

国公学的学生得知这个消息之后，召开全体学生大会，决定"宁可不立案，不能让胡校长辞职"。大会还派学生代表水泽柯等向校董会请愿。胡适于是召集全体学生讲话，他举了北平协和大学牺牲世界著名学者做校长以求立案的例子，最终说服了学生们。5月19日，胡适辞去中国公学校长之职，由马君武继任，当天新旧校长举行交接典礼。据一位当年中国公学的学生陈咸森回忆，胡适辞职不久，上海各大报纸登出两条关于中国公学的消息：一是胡适辞去校长之职，马君武接任；二是教育部核准中国公学立案。

胡适任中国公学校长虽然只有短短的两年，但为中国公学的稳定和发展作出了贡献，他的关于大学教育的一些理念也得到了实践，使中国公学成为"宁静得犹如我国古代的书院"的学习知识的场所。在他任期内，中国公学培养了一些著名的学生，包括胡适最为得意的物理学家吴健雄，此外还有历史学家吴晗、罗尔纲等。

胡适虽然身在上海，但仍然很关心最初回国时给自己发展机遇的北京大学。1929年1月19日，胡适到北平，以新当选校董的身份参加了北平协和医学院校董会的会议。梁启超在胡适到北平当天去世。胡适作挽联："文字收功，神州革命；生平自许，中国新民。"1月25日，胡适作《留恋》一诗纪念北大：

三年不见伊，
便自信能把伊忘了。
今天蓦地相逢，
这久冷的心又发狂了。

我终夜不成眠，

萦想着伊的愁，病，衰老。

刚闭上了一双倦眼，

只见伊庄严曼妙。

我欢喜醒来，

眼里还噙着两滴欢喜的泪。

我忍不住笑出声来，

"你总是这样叫人牵记！"

2月4日，胡适的朋友徐旭生请胡适吃饭，邀李润章、李圣章作陪。饭后李润章问胡适对北平教育有什么意见，胡适主张把北京大学改作研究院，分为四个分院：自然科学院、社会科学院、国学院、外国文学院或文学院。北大以后只招研究生，五年之后就只有研究院了。这样计划，可以避免现有的北大学院、师范一院、师范二院、法学院、文理分院的种种重复，又可以提高北方及全国之教育程度，并且吸收全国的学者和各个大学的优秀毕业生。

胡适在上海期间，还积极参与中华教育文化基金董事会（简称中基会）的事务。中基会成立于1924年，是为接受和管理美国第二次退还庚子赔款余额而设立的专门机构，当时由中美政教界15位著名人士组成，基金主要用于发展中国文化教育事业。1927年6月29日，中基会第三次年会推举胡适为董事。1928年6月29日，第四次董事年会在天津召开，胡适被选为名誉秘书。

中基会最初的董事是由北洋政府任命的，南京国民政府成立后，决定改组中基会。1928年7月，时任大学院院长的蔡元培提出改组中华教育文化基金董事会案，议案提出了改组的董事名单，并修改了中基会董事章程。8月11日,胡适致信蔡元培,指出蔡元培关于中基会提案废去原来章程"董事缺额由董事会自选继任者",改为董事三年期满由大学院呈请政府任命,是根本推翻了脱离政治牵动的基本原则。并且胡适认为张伯苓应该留在董事会,希望自己辞职,把遗缺留给张伯苓。改组中基会也引起了美方董事的关注和担忧,他们担心擅自改组不仅无法保证董事会的连续性,还有可能引起不必要的外交冲突。经过中美双方的交涉,以及胡适的积极斡旋,此次改组风波才算基本平息。

1929年1月3日,胡适到杭州参加中基会的第三次常会,会议主要议程是旧董事五人辞职,另举出政府任命的五个人,会议还通过了报告和修改章程,后者由任鸿隽起草初稿,胡适完成改稿。为照顾大局,避免给社会上造成旧董事辞职、新董事任命都是出于政府安排的印象,胡适煞费苦心,说服各董事,与原定五位旧董事一起辞职。6月,中基会在天津召开第五次年会,会议一致决定由胡适接替已满任期的汪精卫为董事。

1930年7月2日,中基会第六次年会在南京举行。胡适出席,被选连任名誉秘书。会议决定设立编译委员会,聘任胡适为编译委员会主任委员,负责该机构的组织工作和主持编译工作。8月8日,胡适到青岛,参加中基会科学教育顾问委员会会议和编译委员会会议。

10月4日,胡适再次到北平,忙中偷闲到北大看了看,并与好友任鸿隽一家游西山。在北平期间,胡适相中了米粮库四号的房子,决定举家搬迁到北平。胡适决定迁到北平的主要原因有两个:一是此时胡适主要忙于中基会编译委员会的事务,搬到北平便于办公管理;二是胡适的大量藏书还都存放在北平。搬到北平之前,胡适写《白话文学史》的参考图书主要是靠从张元济等朋友处借来。此外,胡适只能写信给在北平代管图书的族弟,请他寄来所需图书。胡适有过人的记忆力,需要的书在北平书房的哪个书架,封面是什么颜色,需要查阅的资料在书中哪一页哪一面都

1930年7月2日，中基会第六次年会合影。

记得清清楚楚。

这一年的11月28日，胡适举家迁往北平，随行的有他新收的徒弟，中国公学的学生罗尔纲。罗尔纲到北平后就住在胡适家，负责辅导祖望、思杜读书，抄录胡适的父亲胡传的遗集。罗尔纲先后在胡适家待了五年之久，后来写成《师门辱教记》，胡适非常喜欢，后改名为《师门五年记》。

胡适在迁往北平当天的日记中对三年多的上海生活作了总结："此三年半之中，我的生活自成一个片断，不算是草草过去的。"[1]胡适后来在《〈淮南王书〉手稿影印本序》中又说："那是我一生最闲暇的时期，也是我最努力写作的时期。在那时期里，我写了约莫有一百万字的稿子。"[2]

---

[1]《胡适日记全集》（第6卷），台湾联经出版事业公司2005年版，第403页。
[2]《胡适全集》（第6卷），安徽教育出版社2007年版，第183页。

六　北大文学院院长

1933年任北大文学院院长的胡适。

　　1930年11月30日，胡适和家人到达北平，住入米粮库四号的新寓所。

　　回北平之初，胡适忙着整理留存北平的书信、日记和图书，会见老朋友，出席各团体机关欢迎茶会。12月6日，胡适出席历史语言研究所欢迎茶会，讲了几句话，说自己一生"提倡有心，实行无力"，生平抱有三个志愿：（1）提倡新文学；（2）提倡思想改革；（3）提倡整理国故。12月7日，胡适出席北大哲学系学生欢迎茶会，在所作答词中，胡适说，希望少年学哲学的人能够训练自己成为思想家，想想当前的活问题。哲学家的店也许像他从前说的，要关张了，但思想家的饭碗是永远保得住的。

　　胡适此次回北平，主要是专任中基会的工作，负责具体筹划外国名著的翻译出版工作。胡适上任之初的一件大事是筹划《莎士比亚全集》的翻译。经过与徐志摩、梁实秋等人面谈或书信交流，胡适拟订了一个翻译计划，准备邀请闻一多、梁实秋、陈源、叶公超、徐志摩五人组成委员会，计划五年内全部完成。胡适还对文体和译名的统一，译成后互相校阅，以及成员之间的交流探讨等问题做了计划和规定。令人遗憾的是，由于徐志摩不久后因飞机失事遇难，陈源不愿加入，而叶公超、闻一多又志不在此，结果只有梁实秋一人坚持翻译，直到1971年才全部完成。自然科学方面，胡适积极约请张子高、丁西林、叶

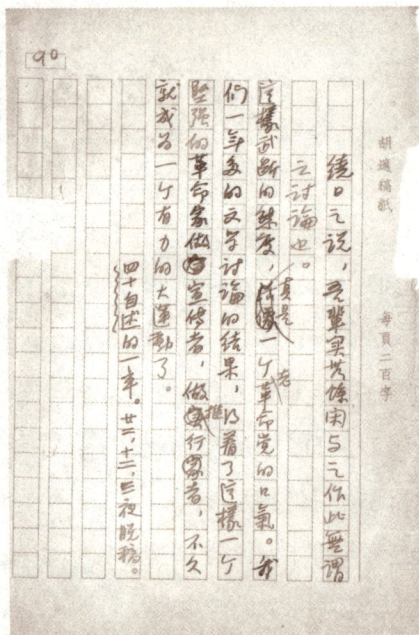
胡适《四十自述》手稿。

企孙、吴正之、萨本栋、王守竞、严济慈等著名学者，从事现代经典著作的翻译介绍。胡适不仅积极组织人文社科和自然科学方面的学者从事翻译工作，还身体力行，亲自校阅译稿，为译著撰写序言，积极推动翻译事业的发展。在胡适主持编译委员会期间，出版了不少译著，包括梁实秋翻译的莎士比亚戏剧数种，关琪桐翻译的哲学著作数种，罗念生翻译的希腊戏剧数种，张谷若翻译的哈代小说数种，陈绵翻译的法国戏剧数种等。

胡适此时在中基会所作的一个重大贡献是积极推动了对北京大学的资助。

胡适虽然离开北大数年，但一直对北大念念不忘。1928年5月21日中央大学宴请全国教育会议代表，胡适应邀作答词，忍不住大发感慨。他说，中央大学九年前为与北大相抗衡的南高，现在北大同人死者死，杀者杀，逃者逃，北大久不为北大，而南高成为今天的中央大学后，经费比从前的北大多三倍有余，人才更是济济。希望中央大学"担北大所负之责，激烈的谋文化革新，为全国文化重心"。此时的胡适已经意识到北大的衰落，虽然嘴上恭维中央大学，但心里还是不忍放弃北大，仍希望等待时机为北大振兴出力。

1930年11月28日，胡适携全家返回北平时，在浦口车站遇见刘瑞恒，从他那里知道蒋梦麟已辞去教育部部长之职，即将出任北大校长。等回到北平后，胡适才了解到蒋梦麟迟迟不肯回北大就任，主要是因为当时的北大已经沦落到不可收拾的地步。国民政府定都南京后，北京改为北平，失去了全国文化中心的地位，很多教授纷纷南下，留下来的教授每月仍是300元薪俸，还赶不上政府各部的一个科长。于是这些教授只好到处兼课，不仅影响教学质量，还使他们容易抱残守缺、目光短浅，生怕外面的人跟他们抢饭碗。

胡适到北平后，遇到两位热心北大改革的人：一位是北大毕业的傅斯年，时任设在北平的中央研究院历史语言所所长，并兼任北大教授；一位是美国人顾临（Roger S. Greene），当时是协和医学院的院长，也是中华教育文化基金董事会的董事。于是三位热心北大中兴的人一拍即合，经常在一起探讨如何帮助蒋梦麟改革北大，如何将北大的改革扩展影响到整个北平高等教育的革新。经过讨论，三位一致认为北大改革的关键在于争取经费支持，只有这样才能吸引名教授到北大任教，才能改善北大的教学研究设备。于是大家想到了以支持教育为宗旨的中基会，经过长时间的讨论，他们拟订了一个具体计划，就是后来的《北京大学与中华教育文化基金董事会合作研究特款办法》。他们把这个计划寄给蒋梦麟，希望他能北上主持北大的改革计划。蒋梦麟终于答应了。

1931年1月7日，胡适到上海参加中基会第五次常会。此次会议主要议程就是讨论胡适与顾临、傅斯年拟定的资助北大的议案。9日，胡适以名誉秘书的身份对媒体发表谈话，介绍了中基会自民国二十年起，每年资助北大20万元，为期五年，用于设立研究讲座和专任教授的决议。是年3月12日，胡适拟成《北大与中基会合作研究特款办法》，并得到蒋梦麟和一些中基会董事的肯定。该办法的主要内容为：自民国二十年起，至二十四年止，每年双方各出20万元国币，作为合作研究特款，专为下列各项之用：

（1）设立北大研究教授。

（2）扩充北大图书馆仪器及他种相关的设备。

（3）设立北大助学金及奖学金。

是年4月，北大中基会合作研究特款顾问委员会成立，除了北大校长、中基会董事长外，还有双方合聘的胡适、翁文灏、傅斯年，共五位委员。

1931年1月的中基会资助北大的决定，对蒋梦麟就任北大校长无疑是很大的支持与推动，会后不久，蒋梦麟即到北平就任北京大学校长。胡适虽然当时的正式身份不是北大的人，但却积极为北大游说，网罗人才。1931年1月的中基会会议前后，胡适极力游说汪缉斋、丁西林、李四光、周鲠生、林语堂等人回北大任教。

会议期间，胡适得知教育部电令光华大学辞退罗隆基教授之事，认为这是教育部的大错。1月15日，胡适致信蒋介石的幕僚陈布雷，信中说："鄙意以为大部电令光华大学辞退罗隆基君一事，实开政府直接罢免大学教授之端；此端一开，不但不足以整饬学风，将引起无穷学潮。"[1] 在上海期间，胡适还为中国公学风潮之事积极斡旋。

1月24日，胡适从上海乘船，于25日到青岛。此间除了与闻一多、梁实秋等人商量翻译《莎士比亚全集》的事情，在青岛大学作《文化史上的山东》的演讲外，还邀请杨振声、闻一多、梁实秋到北大任教。

1月29日，胡适回到北平，第二天即写信给丁西林、徐志摩，劝他们回北大任教。

蒋梦麟此次主持北大改革，胡适和傅斯年两位热心人是他倚重的智囊和左膀右臂。据说蒋梦麟、傅斯年去台湾后，在某次北大周年纪念时，傅斯年在演讲中称，蒋梦麟学问比不上蔡元培，办事却比蔡先生高明；他

---

[1]《胡适全集》（第24卷），安徽教育出版社2007年版，第68页。

任北大英文系教授的徐志摩。

自己学问比不上胡适，办事却比胡适高明。蒋梦麟听后笑言："这话对极了。所以他们两位是北大的功臣，我们两个人不过是北大的'功狗'。"胡适在具体事情的处理上也许不如傅斯年般雷厉风行、大刀阔斧，但在北大改革的谋划方面，胡适思考很多，出力甚多。此段时期胡适的日记中常有自己与蒋梦麟商谈北大之事的记载。胡适回北平的第二天，即1月30日，他在日记中写道："梦麟今早来谈，下午又来谈，皆为北大事。他今天决定用院长制，此是一进步。但他仍要敷衍王烈、何基鸿、马裕藻三人，仍是他的弱点。晚上我与孟真谈，请他劝梦麟努力振作。"[1]陶希圣后来评价说："北京大学居北平国立八校之首。蒋梦麟校长之镇定与胡适院长之智慧，二者相并，使北大发挥其领导作用。"他还说，从1931年蒋梦麟任校

[1]《胡适日记全集》（第6卷），台湾联经出版事业公司2005年版，第484页。

任北大校长的蒋梦麟。

长到1937年抗战全面爆发，"北大六年的安定，乃至国立八校六年的延续，没有梦麟与适之的存在与活动，是想象不到的"。[1]

2月7日，胡适给蒋梦麟连作三书，一是不接受北大支付自己的讲课薪金；二是说文学院长不可无人；三是建议北大改革的事应该有计划，有条理，不可听任学生自动驱逐教员主任。胡适在第一封信中解释说，自己在中基会的职务是专任，不应该另外接受薪俸，北大因为自己每周两节课支付半薪，太浪费了，而且这个特例不可以开。所以自己很诚恳地表示不受薪俸，否则自己宁可不教书了。

既然大家决定实行院长制，文学院、理学院、法学院三院院长的人选就成为当务之急。文学院院长的人选，胡适考虑过青岛大学的杨振声，曾多次写信与杨振声和青岛大学相关人员联系和交涉，但杨振声回信说："去青大已有决心，就北大是另一问题。"2月8日，蒋梦麟给胡适写信，决定在没有合适人选之前，自己暂兼任文学院院长。理学院院长人选，胡适曾积极争取李四光回

[1] 转引自吴相湘：《民国百人传》（一），台湾传记文学出版社1979年版，第88页。

北大担任，2月12日李四光回电："教书甚愿，院长无缘。"胡适又赶紧与蒋梦麟商谈，希望蒋梦麟再次去电劝说。在联系无果之后，北大聘任留美化学工程博士刘树杞为理学院院长。法学院院长，经大家协商由周炳琳担任。

2月10日，胡适再度登上北大的讲台，他在当天的日记里写道："第一次在北大上课，讲中古思想史。在第二院大礼堂，听讲者约三百人，有许多人站了两点钟。五年半不曾在北大上课了。（我在十四年九月离北大，十一月辞职，梦麟但准请假，但我次年便出国了，至今已六年半。在此时期中，仅十五年出国之前讲演一次，十九年讲演两次。）"[1] 时隔五年半，自己的课在北大还是那样受欢迎，胡适心里自有高兴和感动。胡适此后六年在北大开设的课程还有：中国近世思想史问题研究、中国文学史概要、传记专题实习等，与其他教授合开中国文学史（四）、中国文学史专题研究、中国教育问题、科学概论等课程。当时的北大对社会青年敞开大门，有很多"偷听生"慕名来北大听课。胡适并不歧视偷听生，而是拿出纸来，请偷听生留下名字，并说："偷听、正式听都是我的学生，我愿意知道我的学生的名字。"

1930年任北大英文系教授的胡适。

---

[1]《胡适日记全集》（第6卷），台湾联经出版事业公司2005年版，第488页。

3月26日，时隔将近六年，胡适再次参加北大评议会，会议通过"本校各项组织及各项办法，自本年七月一日起，遵照《大学组织法》及《大学规程》改定。自四月一日起开始筹备"一案。3月28日，北大以校长布告的形式正式公布此案，这是蒋梦麟等人向公众正式发布北大改革的信号。

大约春天的时候，胡适花了几百块大洋从周贻春那里买了一辆旧汽车。样式很老，底盘很高，车篷也很高，方方正正，被徐志摩等朋友戏称为"高轩"。

8月5日，北大中基会合作研究特款顾问委员会第一次正式会议召开，到会者有蒋梦麟、胡适、任鸿隽、翁文灏、陶孟和、傅斯年、孙洪芬。会议推选蒋梦麟为委员长，并聘请15人为研究教授：王敬熙、王守竞、曾昭抡、刘树杞、冯祖荀、许骧、丁文江、李四光、刘志扬、赵迺抟、周作人、刘复、陈受颐、徐志摩、汤用彤。从名单看，都是一时之选，阵容强大。

9月14日，北大新学期开学，标志着蒋梦麟、胡适、傅斯年等人经过八个月苦心筹划的北大革新的开始。当时全国的教育界都很注意北大的革新，都预计"北大的新阵容确可以'旌旗变色'，建立一个'新北大'的底子"。[1] 开学典礼上，将梦麟与刘树杞、周炳琳两位院长都作了报告，胡适也作了演讲，他说，北大前此只有虚名，以后全看我们能否做到一点实际。以前"大"，只是矮人国里出头，以后须十分努力。胡适还说：文科中的中国学，我们此时还落人后。陈垣曾问他说："汉学正统此时在西京呢，还是在巴黎？"他希望汉学正统十年之后也许可以在北平了！当天，蒋梦麟和周炳琳都苦苦劝说胡适任北大文学院院长，胡适考虑再三，还是没有答应。

---

[1]《北京大学五十年》，原载《北京大学五十周年纪念特刊》，转引自季蒙、谢泳选编：《胡适论教育》，安徽教育出版社2006年版，第26页。胡适在文中称此年北大秋季开学是9月17日，而在日记中所记为9月14日，此处以日记为准。

经过改革的"新北大"还没高兴几天，9月18日，"九一八"事变爆发了。胡适和北大的朋友们都感到："空前的国难已到了我们的头上，我们的敌人决不容许我们从容努力建设一个新的国家。我们那八个月辛苦筹备的'新北大'，不久也就要被摧毁了！"[1]于是大家的心情都变得沉重起来。然而临近的国难并没有让以蒋梦麟与胡适为代表的北大人屈服，他们更感到了革新努力的紧迫性。胡适后来回忆："我们在那个时候，都感觉一种新的兴奋，都打定主意，不顾一切，要努力把这个学校办好，努力给北大打下一个坚实可靠的基础。所以北大在那最初六年的国难之中，工作最勤，从没有间断。现在的地质馆、图书馆、女生宿舍都是那个时期里建筑的。现在北大的许多白发教授，都是那个时期埋头苦干的少壮教授。"[2]

在国难当头，日军一步步蚕食华北，逼近北平的充满忧患的六年中，北大不仅教学设施得到了改善，而且众多著名学者云集，学术成果辉煌，重新确立了在中国教育界的中心地位。这样的成就不仅得益于中基会的资助，更有赖于胡适与蒋梦麟、傅斯年等人的苦心经营。蒋梦麟后来在回忆当年的情形时说："九一八事变后，北平正在多事之秋，我的参谋就是适之和孟真两位，事无大小，都就商于两位。他们两位代北大请了好多位国内著名教授。北大在北伐成功以后之复兴，他们两位的功劳实在太大了。"[3]

胡适由于在当时学术界声望很高，交际也广，由他联系并引进北大的学者很多，包括孟森、钱穆、汤用彤、魏建功、俞平伯、梁实秋、叶公

[1]《北京大学五十周年》，原载《北京大学五十周年纪念特刊》，转引自季蒙、谢泳选编：《胡适论教育》，安徽教育出版社2006年版，第26页。
[2]《北京大学五十周年》，原载《北京大学五十周年纪念特刊》，转引自季蒙、谢泳选编：《胡适论教育》，安徽教育出版社2006年版，第26页。
[3]蒋梦麟：《忆孟真》，1950年12月30日台湾"《中央日报》"。

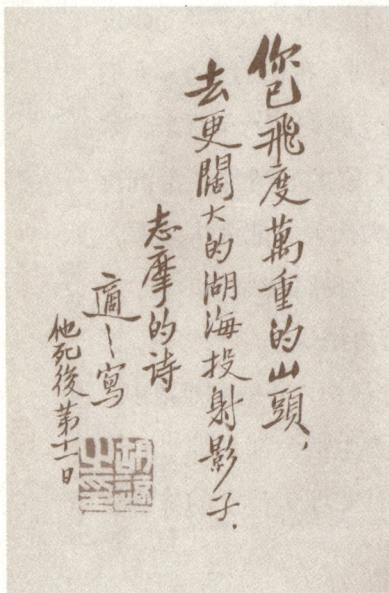

1931年底徐志摩去世后胡适在其所赠《猛虎集》上抄录的徐志摩的诗句。

超、丁文江、饶毓泰等。其中钱穆只有高中学历，自学成才，胡适的学生顾颉刚写信给胡适极力推荐，最后钱穆被北大聘为历史系教授。胡适对钱穆的诸子之学研究极为推崇，对其《刘向歆父子年谱》也是非常赞赏。但胡适与钱穆对《老子》的成书年代却观点大异，除了撰文互相讨论，两人还在课堂上批评对方的观点。据说胡适一次在课堂上愤然说道："老子又不是我的老子，我哪会有什么成见呢？"胡适虽然坚持自己的观点，但在课堂上仍然教育学生："在大学里，各位教授将各种学说介绍给大家，同学应当自己去选择，看哪一个更合乎真理。"[1]

11月17日，徐志摩从上海搭飞机回北平，不幸因飞机失事遇难。胡适为突然失去相知的好友而悲痛万分，他在20日的日记中这样评价徐志摩："朋友之中，如志摩天才之高，性情之厚，真无第二人！他没有一个仇敌：无论是谁都不能抗拒他的引力。"[2]12月3日，胡适作《追悼志摩》，说："他的人生

---

[1] 朱文长：《胡适之先生》，欧阳哲生选编：《追忆胡适》，社会科学文献出版社2000年版。
[2]《胡适日记全集》（第6卷），台湾联经出版事业公司2005年版，第621~622页。

观真是一种'单纯信仰'，这里面只有三个大字，一个是爱，一个是自由，一个是美。"徐志摩去世后第十一日，胡适在徐志摩的诗集《猛虎集》的扉页上工整地抄录了他的两句诗："你已飞度万重的山头，去更阔大的湖海投射影子。"时隔两天，胡适又在诗集的空白页写道："一九三一年九月十九日志摩来北京，送我这本诗集。两个月之后，——十一月十九日——他死在飞机上。今夜读完此册，世间已没有这样一个可爱的朋友了。"读这些字句，我们可以想见当时胡适的痛惜之情。

12月13日，胡适完成又一篇中国古典小说考证文字——《醒世姻缘传考证》，考证该小说为蒲松龄所作。

1932年1月8日，胡适出席在上海召开的中基会第六次常会，因北大经济困难，讨论变通"研究特款办法"。蒋梦麟避嫌，由胡适代理主席。是年4月4日胡适致蒋梦麟书信中说："一月八日之中基会，去年只有三个月；当时吾兄面许回到北大任事，似不宜匆促丢开。"[1] 由此推测，大约因为当时北大经济上的困难，蒋梦麟萌生退意，幸得中基会调整"合作研究特款办法"，蒋梦麟才答应重回北大任事。

2月15日，胡适正式出任北大文学院院长。不巧的是，胡适上任当天即因为阑尾炎住进北平协和医院。本来属于小手术，但由于手术时有一条纱布误留在伤口内，造成伤口化脓，结果在协和医院住了45天。

4月2日，胡适刚刚出院，蒋梦麟即找胡适商谈，有辞去北大校长之职，重任教育部部长的想法，并希望胡适能够接任北大校长。胡适没有答应，于4月4日致信蒋梦麟，说明自己不能接受这个建议的原因，并劝蒋梦麟继续留任北大校长。胡适在信中说，自己之所以出任北大文学院院长，只是要劝蒋梦麟回北大："只是要使维持北大的计划可以实现；只是要在这几

---

[1]《胡适全集》(第24卷)，安徽教育出版社2007年版，第114页。

个月计划明年的改革。不料我到北大第一日就病倒了，直到今日，什么事情都没有做。当日的动机，只达到了请吾兄回北大一事。今若并此一事也办不到，若吾兄先丢开北大，我也没有继续担任文学院院长的义务了。"胡适说自己担任文学院院长"既不受薪俸，又不用全日办公，这是'玩票'式的帮忙，来去比较自由"。如果当了北大校长，情形就不同了。"自由将变为义务，上台容易，下台就很难了。"所以如果蒋梦麟丢开北大，政府任命自己当北大校长，"我只好连那'玩票'式的院长职务一并辞去"。胡适在信中还劝说蒋梦麟："为吾兄计，似亦不宜抛开北大。""北大有许多真心爱护的朋友，'无所为'的尽心帮忙，即此一点，应该可以有为。"[1]蒋梦麟最终还是留在北大继续当校长，一场潜在的危机总算过去了，这其中胡适诚恳的退让和劝说应该起到了很大的作用。

当时南京国民政府曾有意让胡适出任教育部部长，4月8日，胡适答复汪精卫，辞谢不愿担任教育部部长。

5月22日，胡适主编的《独立评论》第一号出版。《独立评论》的主要发起人除胡适外，还有丁文江、蒋廷黻、翁文灏、傅斯年、任鸿隽、陈衡哲、竹垚生、周炳琳等人，主要是北大、清华的教授。关于《独立评论》起因，胡适在《丁文江的传记》中说："《独立评论》是我们几个朋友在那无可如何的局势里认为还可以为国家尽一点力的一件工作。当时北平城里和清华园里的一些朋友常常在我家里或在欧美同学会里聚会，常常讨论国家和世界的形势。就有人发起要办一个刊物来说说一般人不肯说或不敢说的老实话。"[2]

胡适在《独立评论》第一号的"引言"中说："我们叫这刊物做'独立

[1]《胡适全集》（第24卷），安徽教育出版社2007年版，第113~114页。

[2]转引自胡颂平编著：《胡适之先生年谱长编初稿》（第3卷），台湾联经出版事业公司1984年版，第1023页。

胡适1933年题赠毛子水的照片。

评论'，因为我们都希望永远保持一点独立的精神。不倚傍任何党派，不迷信任何成见，用负责任的言论来发表我们各人思考的结果：这是独立的精神。"[1] 从《独立评论》创刊到1937年抗战全面爆发，胡适在上面发表了不少文字，内容涉及对日外交方针、武力统一、民主与独裁、宪政问题、时事评论、教育文化等，表达了他对时局的关注和对政治的思考。

《独立评论》主要由胡适、丁文江、傅斯年三人编辑，其中胡适负责的最多。特别是到1934年前后，当时丁文江和傅斯年在南京，竹垚生在

[1] 转引自胡颂平编著：《胡适之先生年谱长编初稿》（第3卷），台湾联经出版事业公司1984年版，第1024页。

上海，蒋廷黻在欧洲，胡适一个人在北平主编了五十多期。每个星期一晚上，胡适差不多总是要到凌晨三四点钟才睡觉。为此江冬秀很担心胡适的健康，责怪他糟蹋身体。胡适对她说："我七天之中，把一天送给《独立评论》，不能说是做了什么有益的事，但心里总觉得这一天是我尽了一点公民义务的一天。所以我每到两三点钟上床时，心里总觉得很好过；若是那一天做了一篇比较满意的文章，心里更快活了。"[1]

每年6月底，正是大学生毕业的时候，是年6月27日夜，胡适有感而发，作《赠与今年的大学毕业生》一文，继续发挥其大学生毕业后不要抛弃学问的主张。文中说，毕业之后，除了继续求学，做官、办党、革命几条路都不能没有堕落的危险。堕落的方式约有两大类：第一是容易抛弃学生时代的求知识的欲望；第二是容易抛弃学生时代的理想的人生的追求。为防御这两方面的堕落，胡适开出了三个"药方"：第一是"总得时时寻一两个值得研究的问题"；第二是"总得多发展一点非职业的兴趣"；第三是"你总得有一点信心"。胡适指出："我们要深信：今日的失败，都由于过去的不努力。我们要深信：今日的努力，必定有将来的大收成。"[2]时隔两年，即1934年6月，胡适应邀到北平美国学校、清华大学、汇文中学、辅仁大学等学校为毕业生作演说。这一年的6月24日，胡适再作《赠与今年的大学毕业生》的演说，除了上述三个处方，胡适又添加了一个方子："你得先自己反省，不可专责别人。"

1932年7月10日，胡适作《论学潮》一文，是针对平津国立院校教职员联合会提出的六项消弭学潮的办法而作。其中第六条是"禁止学生作政治活动"，胡适认为对于学潮，"只有因势利导的一条路不失为教育事业

[1]《胡适日记全集》（第7卷），台湾联经出版事业公司2005年版，第120～121页。
[2] 欧阳哲生编：《胡适文集》（第5卷），北京大学出版社1998年版，第427页。

中人值得一试的一条路。"为此胡适提出三点建议：

（1）学校对于一切政治党派，应该有同一的公道待遇；

（2）学校应该提倡负责任的言论自由；

（3）学校应该研究学生团体的组织法，指出他们的缺陷，引导他们改善组织，使多数学生能参加有组织有训练的团体生活，养成政治生活必需的组织能力。[1]

同日，胡适还写了《英庚款的管理》一文，对将英庚款全部用在生产事业上，英庚款董事会不能摆脱政治势力的支配等管理上的问题提出异议，建议将一部分基金用在文化教育事业上。

11月27日胡适南下武汉，28日参观武汉大学，当天晚上到蒋介石寓所晚餐，这是胡适第一次见蒋介石。11月30日至12月2日，胡适连续三天在武汉大学演讲，演讲题目分别为《中国历史的一个看法》、《谈谈中国政治思想》和《中国文学的史的研究》。

12月3日，胡适第三次到蒋介石寓所晚餐，席间蒋介石请胡适注意研究两个问题：（1）中国教育制度应该如何改革？（2）学风应该如何整顿？胡适在日记中说："我很不客气的对他说，教育制度并不坏，千万不要轻易改动了。教育之坏，与制度无关。十一年的学制，十八年的学制，都是专家定的，都是很好的制度，可惜都不曾好好的试行。经费不足，政治波动，人才缺乏，办学者不安定，无计划之可能，……此皆教育崩坏之真因，与制度无关。学风也是如此。学风之坏由于校长不得人，教员不能安心治学，政府不悦学，政治不清明，用人不由考试，不重学绩……学生大都是好的；学风之坏决不能归罪学生。"[2]

---

[1]欧阳哲生编：《胡适文集》（第11卷），北京大学出版社1998年版，第225页。
[2]《胡适日记全集》（第6卷），台湾联经出版事业公司2005年版，第635～636页。

1933年前后胡适与夫人江冬秀合影。

12月4日，胡适到长沙，先后在湘雅学校、长沙中山堂、湖南大学等地演讲，并于12月7日回武汉。

1933年1月6日，胡适到上海出席中基会第七次董事常会。

胡适回北平后不久，2月23日，日军分三路进攻热河，3月3日，胡适拟电报给蒋介石：热河危机，决非汉卿所能支持。不战再失一省，对内对外，中央必难逃责。非公即日飞来指挥挽救，政府将无以自解于天下。3月4日，日军进入承德，次日胡适作《全国震惊以后》一文。3月13日，胡适与翁文灏、丁文江、刘子楷等到保定见蒋介石。5月29日，胡适作《保全华北的重要》一文。

是年6月，胡适为参加太平洋国际会议第五次大会先到南京。6月13日，胡适到南京看守所探望上年10月被捕的老朋友陈独秀。晚上回到教育部时，胡适向刚任教育部部长不久的老北大同事王世杰建议：由于受1929年开始的经济危机的影响，在华教会学校在经济上面临困难，政府应该早日计划一种善意的救济。

6月18日，胡适在上海乘"日本皇后号"轮船启程赴美，7月在芝加哥大学作了六次《中国文化的趋势》的讲演。后演讲稿编辑成书，名为《中国的文艺复兴》。8月14日至28日，胡适在加拿大西部的班府（Banff）出席太平洋国际学会第五次大会。归国途中，胡适曾于10月12日在夏威夷大学作关于人生观的演讲，阐发自己的"不朽论"。胡适的这次演讲很受欢迎，八点一刻开讲，七点半已满座，台上也坐满了人，两旁窗上与窗外都是人。

在7月14日中基会第九次年会上，胡适被聘为国立北平图书馆委员会委员长。其时胡适尚在国外。

胡适回国后于12月3日作《逼上梁山》一文，叙述文学革命的起因和演进。12月29日，胡适花1090美元新买的福特汽车运到家中，也算是给自己和家人的新年礼物了。

1933年胡适女友韦莲司赠胡适书上的藏书票。

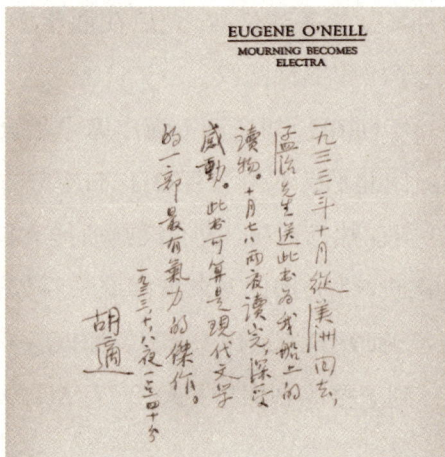

1933年胡适归国途中读 *Mourning Becomes Electra* 。

　　1934年初，作为北大文学院院长的胡适开始积极筹划北大文科的改革。他在1月18日的日记中写道："改订北大的中国文学系及哲学系课程。此事颇不易。有很好的课程表而无相当的人去施教，也是枉然。……夜陈受颐来谈，商北大改课程事，他改订的是外国语文学系。"[1]胡适在1月28日的日记中又记道："（晚）七点到樊际昌家中吃饭，陈受颐、郑天挺与梦麟都在，谈北大文科改革事。"[2]关于改革的具体内容，胡适在其《一九三四的回忆》一文中有一定的交代：

　　"这一年北大方面的改革有一点足记：我兼领中国文学系主任，又兼任外国语文学系主任，把这个学年的文学院预算每月节省了近三千元。外国语文学系减去四个教授，添了梁实秋先生，是一进步；中国文学系减去三个教授，添的是我、傅斯年（半年）和罗常培，也是一进步。

---

[1]《胡适日记全集》（第7卷），台湾联经出版事业公司2005年版，第33页。
[2]《胡适日记全集》（第7卷），台湾联经出版事业公司2005年版，第45页。

"中国文学系的大改革在于淘汰掉一些最无用的旧人和一些最不相干的课程。此事还不很彻底，但再过一年，大概可以有较好的成绩。"[1]

胡适兼任北大中国文学系主任后，对该系的发展走向也进行了思考。1934年2月初，胡适到上海参加中基会第八次董事常会，2月12日回到北平，14日胡适翻检此次南下所记纸片，发现近年来中国公学毕业生中涌现出不少从事文艺创作的人，他在当天日记中说："此风气皆是陆侃如、冯沅君、沈从文、白薇诸人所开。北大国文系偏重考古，我在南方见陆侃如夫妇皆不看重学生试作文艺，始觉此风气之偏。从文在中公最受学生爱戴，久而不衰。大学之中国文学系当兼顾到三方面：历史的；欣赏与批评的；创作的。"[2]

胡适任文学院院长期间，还对北大的新生考试制度的改革提出了新的建议。此事的起因是胡适在中国公学的学生吴晗转学北大没有成功，当时北大的规定是想转学

1934年任北大名誉教授、文学院院长兼教育系主任的胡适。

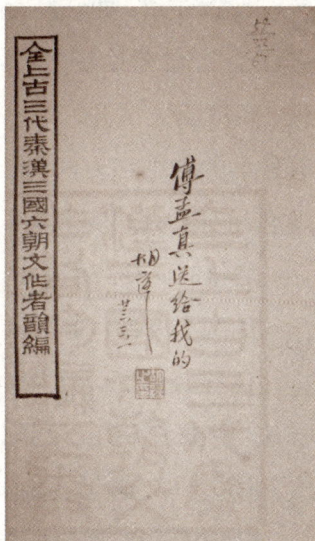

1934年傅斯年所赠《全上古三代秦汉三国六朝文作者韵编》。

[1]《胡适日记全集》（第7卷），台湾联经出版事业公司2005年版，第160页。
[2]《胡适日记全集》（第7卷），台湾联经出版事业公司2005年版，第61页。

的学生得与新生一起参加入学考试,合格后再参加转学考试。吴晗参加入学考试没有通过,被北大拒之门外。胡适认为转学生单考转学的课程就可以了。他还主张文、理科入学考试应有所偏重。据邓广铭回忆,胡适当时新定的考试成绩分布是:英语占40%,国文占30%,史地占20%,数学占10%。[1]

胡适在文学院院长任期内的另一项改革是规定文科各系的新生都要必修科学概论、哲学概论和中国通史三门课。这三门公共必修课由系主任负责制订教学计划,按照每次课的内容邀请校内外著名学者讲授。胡适本人亲自讲授科学概论一课的"引论"和"结论"部分。其他部分则由各科教授主讲,如江泽涵等人讲"数学方法论",萨本栋等人讲"物理学方法论",曾昭抡讲"化学方法论",丁文江讲"地质学方法论",周炳琳讲"经济学方法论"等。"科学概论"一课对于拓展学生的学科视野,培养科学的思维和方法,起到了非常积极的作用,也体现了胡适一贯的教育理念和对北大培养具有广博学识的高层次人才的期望。

是年3月8日,胡适在河北省立法商学院演讲《做学问的方法》。谈做学问的两个条件:充分的工具和做学问的习惯。他认为有了这两个条件,方法已在其中了。科学方法只是不苟且,不懒惰,是肯虚心的人做学问的方法。说破了不值半文钱,学起来可要毕生的努力。最后,胡适说,单有方法,还是不够,必须还要寻真材料、活材料、实材料。

5月19日,胡适完成了近五万字的长篇论文《说儒》,这是胡适此段时间最主要的学术论著。胡适在《一九三四年的回忆》一文中自我评价说:"这篇《说儒》的理论大概是可以成立的,这些理论的成立可以使中国古

---

[1]邓广铭:《胡适在北京大学》,欧阳哲生选编:《追忆胡适》,社会科学文献出版社2000年版,第42页。

史研究起一个革命。"[1]是年胡适完成的第二篇论学文字是陈垣《元典章校补》序，后改名《校勘学方法论》，刊载在《国学季刊》上。胡适在此文中主张打倒"活校"，提倡"死校"，提倡古本的搜求——意在重新奠定中国的校勘学。

是年，胡适针对当时文化教育界的一些言论现象作文进行批评。

7月9日夜，胡适作《所谓"中小学文言运动"》一文，对中小学文言运动进行批评。

8月17日，胡适作《教育破产的救济方法还是教育》一文，针对当时的"教育破产"论，胡适指出："今日中国教育的一切毛病，都是由于我们对教育太没有信心，太不注意，太不肯花钱。教育所以破产，都因为教育太少了，太不够了。教育的失败，正因为我们今日还不曾真正有教育。……欲要救济教育的失败，根本的方法只有用全力扩大那个下层的基础，就是要下决心在最短年限内做到初等义务教育的普及。"[2]

9月3日夜，胡适作《写在孔子诞辰纪念之后》一文，指出"这二十年的一点进步不是孔夫子之赐，是大家努力革命的结果，是大家接受了一个

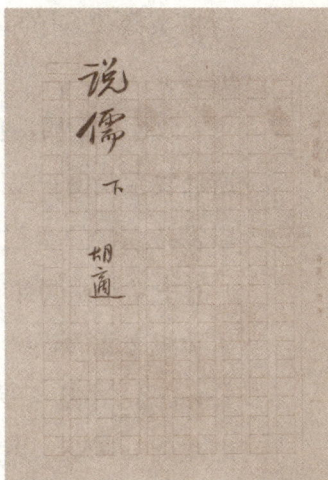

1934年胡适《说儒》手稿。

[1]《胡适日记全集》（第7卷），台湾联经出版事业公司2005年版，第155页。
[2]转引自胡颂平编著：《胡适之先生年谱长编初稿》（第4卷），台湾联经出版事业公司1984年版，第1254页。

新世界新文明的结果,只有向前走是有希望的。开倒车是不会成功的。"[1]

12月2日,胡适作《谁教青年学生造假文凭的?》一文,指出"假文凭所以发生是由于民国七八年间教育部废止了'有中学毕业同等学力者'可以投考大学的章程。"胡适主张:"专科以上的学校入学考试也应该容许'有中学毕业同等学力者'去投考。"他相信,"这一条规定可以断绝今日买卖假文凭的恶习。"[2]

是年,中基会受金价影响,经费稍显拮据,胡适把编译委员会的预算缩减到4.6万元,并停止自己的月俸,改为公费200元。从7月起,胡适在北大支一个中国文学系教授的薪俸,每月400元,领取文学院院长每月的公费100元。

12月30日,胡适到上海,途中在车上写成《新年的梦想》一文,文章中提到:第一个梦想是赋税制度从间接税转变到注意直接税;第二个梦想是政府能充分运用关税政策和交通政策来帮助解决民食。此外胡适还提到诸如全国真正的统一,匪患肃清,学术进步等问题。

1935年1月4日,胡适到香港,此行主要是为了接受香港大学授予其的法学名誉博士学位,这是胡适一生获得的35个荣誉博士学位中的第一个。在香港期间,胡适免不了应邀作了几次演讲,然而令他想不到的是,其中一次的演讲竟得罪了广东的国民党军政界。原来,1月6日,胡适在华侨教育会向200多位华文学校的教员作了《新文化运动与教育问题》的演讲,其大意是"劝告香港教育家充分利用香港的治安和财富,努力早日做

---

[1]转引自胡颂平编著:《胡适之先生年谱长编初稿》(第4卷),台湾联经出版事业公司1984年版,第1259页。

[2]转引自胡颂平编著:《胡适之先生年谱长编初稿》(第4卷),台湾联经出版事业公司1984年版,第1280页。

到普及教育；同时希望他们接受中国大陆的新潮流，在思想文化上要向前走，不要向后倒退"。胡适在演讲后半段提到广东当局反对白话文，提倡中小学读经的政策，胡适对此进行了比较客气的批评。胡适的演讲经报纸报道后，引起了广东国民党党部的不满，1月9日胡适到广州后，原定的演讲被取消，于是他索性在广州游玩了两天，游览了黄花岗、观音山、中山大学新校舍、六榕寺、镇海楼、中山纪念塔、广雅书院等地。1月11日，胡适飞离广州，此后在广西各地游览、参观、演讲达半个月。1月25日返回香港，次日启程回北平。此行前后五周，胡适后来写有《南游杂忆》。

3月21日，胡适作《试评所谓"中国本位的文化建设"》一文，对于萨孟武、何炳松等十位教授发表的《中国本位的文化建设宣言》提出批评，指出这是中体西用的最新式的化装出现。"他们的宣言也正是今日一般反动空气的一种最时髦的表现。"胡适认为，中国的旧文化的惰性实在大得可怕，因此大可不必为"中国本位"担忧。他主张让科学工艺的世界文化和它背后的精神文明和中国的老文化自由接触，自由切磋琢磨，借前者的朝气和锐气来打掉一点我们的老文化的惰性和暮气。胡适相信，将来文化大变动的结果，仍然是一个中国本位的文化。

4月8日，胡适作《我们今日还不配读经》一文。认为："古代的经典，今日在开始受科学的整理的时期，孟真先生说的'六经虽在专门家的手中也是半懂半不懂的东西'，真是最确当的估计。""在今日妄谈读经，或提倡中小学读经，都是无知之谈，不值得通人的一笑。"[1]

5月3日，蒋梦麟致信胡适，请他召集各系主任商量办理研究院的事情。4日上午，胡适与北大物理系主任饶毓泰、化学系主任曾昭抡商谈研究

[1]转引自胡颂平编著：《胡适之先生年谱长编初稿》（第4卷），台湾联经出版事业公司1984年版，第1358~1359页。

院的事。当天下午胡适给蒋梦麟发去电报："研究所文科必须办文史，理科已与饶曾两君商过，数理化三部关系太深又须顾及主辅科，不应单开数学。鄙意北大办研究所，既不因此增预算，又原依慎重渐进方法，事属内部学术设施，教部不宜过于干涉，望与雪艇兄切直言之。"[1]当天下午，胡适又与傅斯年商讨研究院的事。由此可见胡适对北大研究院的筹办出力甚多。

6月17日，胡适到中基会开会，商议义务教育问题，会议决定在义务教育的师资训练方面作补助。

6月30日，胡适因过于疲劳，暂时辞去《独立评论》主编之职。7月3日至7日，胡适带思杜与任鸿隽夫妇等，作平绥路全线旅游。与之同行的都是康奈尔大学的同学。

9月7日，胡适被推举为中央研究院第一届评议会评议员，并对中央研究院院长候选人规程和选举评议员规程的制定都有所尽力。

10月26日，中基会第九次常会在上海举行，胡适提议修正中基会章则案获得通过。

10月，日本阴谋策划华北五省自治，11月17日，胡适作《用统一的力量守卫国家》一文。11月19日，宋哲元在北平招待教育界人士，报告日本人策划"华北自治"的阴谋，胡适与傅斯年都慷慨陈词，坚决反对"冀、察特殊化"，表示出誓死不屈的精神。11月24日夜，胡适作《华北问题》一文。

12月9日，北平几千名爱国学生举行了声势浩大的反日救国示威游行，"一二·九"运动爆发。第二天，胡适到校，知道北大学生要罢课，认为"真是幼稚之至"。13日，胡适作《为学生运动进一言》一文。他首先肯定了"十二月九日北平各校的学生大请愿游行，是多年沉寂的北方青年界的

---

[1]《胡适日记全集》（第7卷），台湾联经出版事业公司2005年版，第195页。

一件最可喜的事"。然后指出:"但是九日以后,各校学生忽然络绎有罢课的举动,这是我们认为很不幸的。罢课是最无益的举动,……不但不能引起同情,还可以招致社会的轻视与厌恶。""我们爱护青年运动的人,不忍不向他们说几句忠告的话。第一,青年学生应该认清他们的目标。在这个变态政治之下,赤手空拳的学生运动只能有一个目标,就是用抗议的喊声来监督或纠正政府的措施。他们的喊声是舆论,是民意的一种表现。……一切超过这种抗议作用(舆论作用)的直接行动,都不是学生集团运动的目标。第二,青年学生应该认清他们的力量。他们的力量在于组织,而组织必须建筑在法治精神的基础之上。第三,青年学生应该认清他们的方法。他们都在受教育的时代,所以一切学生活动都应该含有教育自己训练自己的功用。……第四,青年学生要认清他们的时代。"[1]

12月22日夜,胡适又作《再论学生运动》一文,文章说:"关于北平学生两次游行的事,我们不能不认为当局的处置是错误的。""关于北平学生继续罢课,我们希望他们平心考虑北平各大学校长第二次劝告同学的话。"希望学生们"即日复课","请求学校当局取消本学年的年假和寒假,以供补课及考试之用。"[2]对于学生运动,胡适一直坚持自己的主张,可以抗议示威,但罢课是无益的。为此他为北大的复课积极努力,12月31日,北大学生在三院召开全体会议,胡适建议学生举手表决是否1月4日放假,是否复课。结果学生多数表决不放假,1月4日复课。但是到了1936年1月4日北大复课那天,学生纠察队反对上课。由于周秉琳、蒋梦麟等的劝说,当日上午上课十三班,下午上课五班,当日校务会议决议无论

[1] 转引自胡颂平编著:《胡适之先生年谱长编初稿》(第4卷),台湾联经出版事业公司1984年版,第1440~1441页。
[2] 转引自胡颂平编著:《胡适之先生年谱长编初稿》(第4卷),台湾联经出版事业公司1984年版,第1444页。

他校复课情形如何，北大继续上课，照常点名。1月6日，学生开大会，表决"继续罢课，不达目的不止"。1月7日，北大召开行政会议，鉴于当天上课人数太少，决定8日放假，并决定2月1日开学，6日上课。至此，胡适与蒋梦麟等人关于复课的努力宣告失败。

所谓祸不单行，"一二·九"运动的前一天，胡适的好友丁文江煤气中毒，经过多方抢救，终于不治，于1936年1月5日去世。

1月11日，胡适离开北平，13日到南京丁文江家与丁夫人商谈并处理丁文江后事，编辑纪念丁文江的《在君纪念号》。

4月7日夜，胡适写成《颜李学派的程廷祚》。

7月7日胡适从北平动身去上海，14日从上海启程赴美，这是他第四次出国。临行前胡适还惦记着北大的经费问题，当天给教育部部长王世杰发电报说："北大补助费，万望兄努力设法。梦麟六年苦斗，兄所深知，今当其困急，宜有以鼓舞其志意，勿令失望。"[1]

7月29日，胡适到达到美国旧金山，8月3

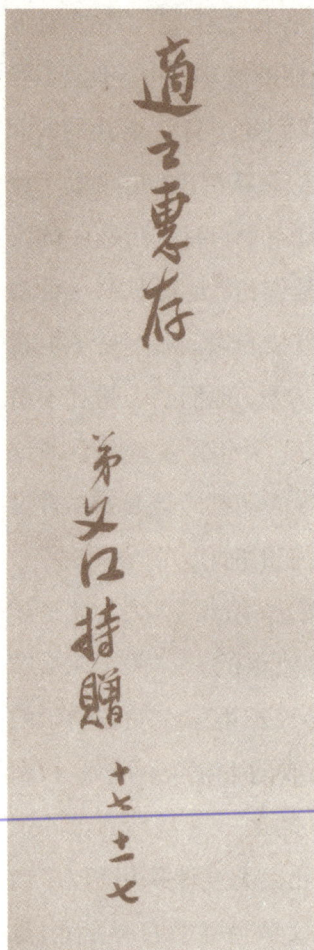

1928年11月7日，丁文江在赠胡适《徐霞客游记》上的签名。

---

[1]《胡适日记全集》（第7卷），台湾联经出版事业公司2005年版，第331页。

日在斯坦福大学演讲《中国当前的形势》。

8月12日，胡适出席在约塞米蒂召开的国际太平洋理事会，会上指责日本阻挠中国建设，并当选为太平洋国际学会副主席。

9月16日，哈佛庆祝建校300周年，授予世界各地75位学者名誉博士学位，其中包括胡适，作为中国唯一获此殊荣的人，胡适应邀作了演讲。

9月29日，胡适与严群、郭崇英等在美华人谈话时指出："文科中的教育、哲学、社会学，法科中的政治，与理科中的医学，为学问中之最难的，必须有头等的天才，最广大的学问，最勤奋的工夫，然后有成。" [1]

10月30日，胡适给在美国见到的中国公学学生吴健雄的信中说："你是很聪明的人，千万珍重自爱，将来成就未可限量。这还不是我要对你说的话。我要对你说的是希望你能利用你的海外住留期间，多留意此邦文物，多读文史的书，多读其他科学，使胸襟阔大，使见解高明。我不是要引诱你'改行'回到文史路上来，我是要你做一个博学的人。……凡第一流的科学家，都是极渊博的人，取精而用弘，由博而返约，故能有大成功。国内科学界的几个老领袖，如丁在君、翁咏霓，都是博览的人，故他们的领袖地位不限于地质学一门。后起的科学家都往往不能有此渊博，恐只能守成规，而不能创业拓地。" [2] 胡适给吴健雄的建议，表明了他对于优秀自然科学家应该具有一定文史学识，具备广博的知识背景的见解。

胡适作为知名的学者，此一时期奖掖提携的后辈青年远不止吴健雄一人。

胡适到北平后，仍然坚持"做礼拜"，每周日上午九点到十二点接待来

[1]《胡适日记全集》（第7卷），台湾联经出版事业公司2005年版，第352~353页。
[2]《胡适全集》（第24卷），安徽教育出版社2007年版，第303页。

访的客人,有时候一个上午要接待二三十个客人。胡适见的客人各色人等都有,这其中就包括很多慕名而来的青年人。

胡适在中国公学时的学生吴晗转学北大未能成功,后来转学到清华,由于家庭经济困难,吴晗希望在清华半工半读,苦于无人介绍,于是向胡适求助。胡适写信给当时任清华大学代理校长的翁文灏和清华教务长张子高,请他们帮忙找一个工读的机会。之后胡适又复信给吴晗,支持他治明史,认为:"晚代历史,材料较多,初看去似甚难,其实较易整理,因为处处脚踏实地,但肯勤劳,自然有功。凡立一说,进一解,皆容易证实,最可以训练方法。"[1]

1932年毕业于北大经济系的千家驹在上学期间曾发表《抵制日货之史的考察和中国工业化问题》一文,胡适看后非常欣赏,就向人打听千家驹的情况,表示希望见见这个年轻学生,后经吴晗介绍见面。当胡适听说千家驹还没有工作时,主动介绍他到陶孟和主持的社会调查所工作。1934年,胡适又主动介绍千家驹到北大经济系兼任讲师,当时北大经济系的主任因千家驹太年轻且思想左倾,不愿接收。由于胡适的坚持,千家驹于1935年开始兼仕北大经济系讲师之职。千家驹后来成为著名经济学家。

胡适对作为自己学生和家庭教师的罗尔纲学术上的成长更是颇费心思,这在罗尔纲所著《师门五年记》中记录甚详。1936年,胡适看到罗尔纲在《中央日报》上发表的文章《清代士大夫好利风气的由来》后,于6月23日写信给罗尔纲提出批评,认为这种文章做不得,这个题目根本就不成立。胡适指出:"名利之求,何代无之?"并告诫他,"有几分证据,说几分话。""治史者可以作大胆的假设,然而决不能作无证据的概论。"1936年

---

[1]《胡适全集》(第24卷),安徽教育出版社2007年版,第100页。

春,清华大学史学系主任蒋廷黻调任驻苏联大使,吴晗推荐罗尔纲接替蒋廷黻讲授中国近代史课程,清华文学院院长冯友兰到北大找胡适,请罗尔纲去任教。胡适虽然很高兴清华对自己学生的看重,但还是婉言谢绝了。罗尔纲的朋友知道这个消息后都大为不解,为他感到愤愤不平,罗尔纲自己心里也不高兴。后来胡适对罗尔纲说:"我不让你到清华去,为的是替你着想。中国近代史包括的部分很广,你现在只研究了太平天国一部分,如何去教人?况且蒋廷黻先生是个名教授,你初出教书如何接得了他的手?如果你在清华站不住,你还回得北大来吗?"

1936年上半年,胡适在北大文学史课上讲到《封神演义》,问班上同学关于作者的意见。史学系学生张政烺于6月8日写信给胡适,说是根据《传奇汇考》的资料,考证出作者是明代的陆西星,字长庚。胡适6月10日复信给张政烺,感谢他的考证,认为大概可信,并告知他准备把原信在《独立评论》上发表。

1936年11月初,胡适由旧金山返程回国。11月26日,胡适在太平洋船上写成《高梦旦先生小传》。12月1日胡适回到上海,并于12月10日回到北平。

胡适刚回到北平,12月12日,西安事变爆发。胡适认为张学良"这祸闯得不小",当日给张学良去电:"介公负国家之重,若遭危害,国家事业至少要倒退二十年。足下应念国难家仇,悬崖勒马,护送介公出险,束身待罪,或尚可自赎于国人。"

1937年初,胡适为北大经费之事颇费心思。2月9日,胡适改定北大文学院与文科研究所预算大概。3月1日,胡适作长函与王世杰,希望教育部能增加北大的预算。3月13日,王世杰回信,告知胡适北大增加预算是有希望的。

4月10日,胡适作《日本霸权的衰落与太平洋的国际新形势》一文。

國立中央研究院
社會科學研究所

叢刊

第十二種

湘軍新志

羅爾綱

商務印書館發行

吾師賜閱

學生 羅爾綱 敬呈 廿八六九日於昆明

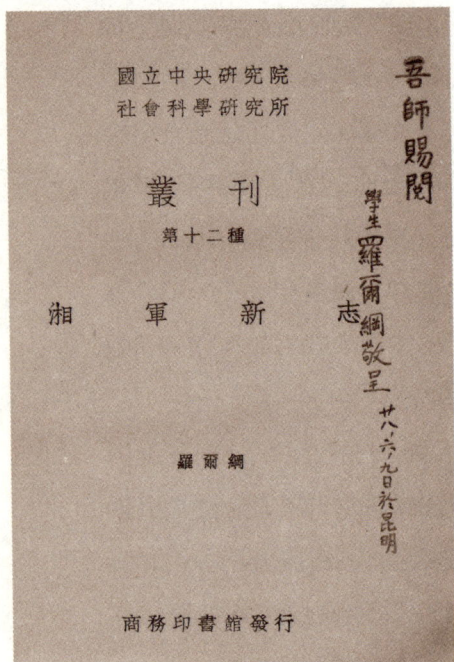

1939年6月9日罗尔纲赠胡适《湘军新志》。

4月14夜，胡适作《读经评议》一文。对当时学校读经问题提出了自己的见解：第一，绝对反对小学校读经；第二，初中高中的选读古文，本来没有不许选读古经传文的规定，所以中学教本中，不妨选读古经传中容易了解的文字。

4月18夜，胡适作《中日问题的现阶段》一文。

4月26日胡适南下，29日到上海，参加中基会年会，会议决定北大合款延长五年。5月9日胡适回到北平。

5月17日，胡适在回复翁文灏的长信中提出，培养人才既应该考虑国家的当前需要，又要有长远眼光的看法。他说："关于人才之教育，诚如尊论，国家教育应供给国家所需要的人才。但解释'国家需要'，亦不宜太狭。国立机关如北大，如中基会，似仍宜继续为国家打长久算盘，注重国家的基本需要，不必亟亟图谋适应眼前的需要。现在学工程者已无一人失业，而工程师待遇又已骤增，将来社会风气自然会走向这方面去，——我的儿子祖望也要考工科了！此一方面已不待我们的提倡。我们所应提倡的，似仍在社会不注意的纯粹理论科学及领袖人才的方面。社会一时找不出炼钢炼铜的人才，还可以暂时借用客卿。此时我所焦虑的是：兴学五十年，至今无一个权威政治学者，无一个大法官，无一个法理学家，无一个思想家，岂不可虑？在纯粹科学方面，近年稍有生色，但人才尚甚缺乏，成绩更谈不到。故我以为中央研究院、北大、中基会一类的机关，此时还应该继续注重为国家培养基本需要的人才，不必赶在人前面去求眼前的'实用'。无用之用，知之者希，若吾辈不图，国家将来必蒙其祸。"[1]胡适早年在北大演讲中曾提出北大应该着眼于提高的工作，而不是普及的工作。胡适对于北大、中央研究院等高等教育研究机构的使命，始终有清醒的认识，认为他们应该着眼于国家的基础和根本的需要，而不是眼前的一时之需。

6月18日，胡适再次南下，准备由南京转赴东京出席世界教育代表会议。19日，胡适到达南京。20日，胡适在南京出席世界教育代表第一次集会，被公推为主席。7月7日，卢沟桥事变爆发，胡适赴东京的开会计划被迫搁浅。

7月11日，胡适到庐山，参加国民党第一期庐山谈话会。当天下午胡适与蒋介石会谈，陈述北平情形，民情的激愤，认为中央不应放弃河北。7月20日，在庐山最后一次茶话会上，众人谈教育问题。江恒源、朱经农、陶希圣、高君珊、吴贻芳、傅斯年等人先后发言，胡适最后讲话，谈了四点：

第一，国防教育不是非常时期的教育，是常态的教育。

第二，如果真需要一个中心思想，那么，"国家高于一切"可以作共同行动的目标。

第三，主张恢复"有同等学力者"此条招考办法。（以救济天才，以阻止作伪犯罪。）

第四，教育应该独立，其涵义有三：

（1）现在官吏不得做公私立大学校长、董事长，更不得滥用政治势力以国家公款津贴所长的学校。

（2）政治的势力（党的势力）不得侵入教育。中小学校长的选择与中

[1]《胡适全集》（第24卷），安徽教育出版社2007年版，第331~332页。

小学教员的任聘，皆不得受党的势力的影响。

（3）政府应当禁止无知疆吏以自己的偏见干涉教育，如提倡小学读经之类。

7月28日，两期庐山谈话会结束，胡适下山，乘飞机到南京。因北平失陷，胡适暂时留在了南京。

8月17日，胡适在南京参加了国防参议会第一次会议。

8月21日，胡适与杭立武、周炳琳、傅斯年等人商谈救济大学教育的问题，大致决定了两件事：（1）将来各大学教员有余人，可送往边地大学服务。（2）将来宜在内地筹设一个科学工程研究所，以应付国家的需要。

8月，北大、清华、南开准备在长沙组建临时大学，并在南京成立临时大学办事处，除三校校长为委员外，各校各加一人为委员，北大为胡适、清华为顾毓琇、南开为何廉，此外委员中还有傅斯年、皮宗石等。胡适对于临时大学提出了很多建议。

8月19日，蒋介石希望胡适到美、英两国进行民间外交，争取国际上的支持，后来又决定钱端升、张忠绂二人与胡适同行。

9月8日，胡适与钱端升等人登船离开南京，9日到芜湖，当天胡适在轮船上给郑天挺等人写信，说："人生最不易得的是闲暇，更不易得的是患难，——今诸兄兼有此两难，此真千载一时，不可不充分利用，用作学术上的埋头闭户著作。"[1]

胡适与钱端升等人10日到九江，11日到汉口，13日乘飞机到香港。20日胡适与钱端升乘飞机，途经马尼拉、关岛、中途岛、檀香山，于9月26日到达旧金山。

---

[1] 胡颂平编著：《胡适之先生年谱长编初稿》（第5卷），台湾联经出版事业公司1984年版，第1615页。

七 驻美大使

1938年10月4日胡适到华盛顿就任驻美大使，下车时，美国外交部礼宾司司长前来迎接。

1937年9月26日上午10点，胡适与钱端升等人到达美国旧金山，受到中国驻旧金山总领事黄朝琴及其夫人、各团体代表的热情欢迎，令他们想不到的是，竟然还有三四架中国飞机在空中盘旋以示欢迎。

胡适、钱端升等人此行的主要任务是以非官方的身份进行宣传，争取美国的同情和支持。当天午饭后，胡适不顾旅途疲劳，到当地中华大戏院演讲一小时，此后直到1938年7月的十个月的时间里，胡适马不停蹄地到美国、加拿大各地演讲。

10月1日，胡适到哥伦比亚广播电台演说13分钟，题目为《目前危机中的中国对美国的期望是什么》。胡适对当时美国人不愿意卷入战争的想法有清醒的认识，他说："贵国人民力求保持中立和置身战争之外的想法是完全正确和合法合理的。"但胡适接着警告说，仅靠这种消极的绥靖主义，仅靠爱好和平保持中立，并不能够使美国免于战祸。他举第一次世界大战美国参战的经过作为例子，指出："一个侵略的国家中的黩武主义者逼迫你们加入上次大战之中的愚昧行为，仍将同样地把你们拉入目前这次战争中。"胡适最后说："中国对美国所期望的——是一个国际和平与正义实际与积极的领导者。一个阻止战争，遏制侵略，与世界上民主国家合作和策划，促成集体安全，使得这个世界至少可使人类能安全居住的领导者。"[1]

在美国西海岸演讲宣传了八天之后，胡适与钱端升于10月5日飞离旧金山，10月8日他们到达华盛顿，当天到大使馆拜见中国驻美大使王正廷。在华盛顿住了七天之后，胡适与钱端升到纽约。10月18日，美籍华商领袖李国钦介绍胡适等人与纽约工商、银行界领袖见面，并共进午餐，饭后胡适发表了30分钟的讲话。当天，张忠绂也赶到纽约，与胡适、钱端升会合。

10月20日，胡适与驻美大使王正廷一起拜见了美国总统罗斯福。

自"九一八"事变爆发以来，胡适对中日冲突基本主张和平交涉，以期赢得备战时间。胡适初到美国时的想法是希望美国出头做世界事务的领袖，能够居间调停主和。但随着战局的恶化，南京面临失守的危险，加上胡适到美国后对国际形势的观察，他的主张也有所调整。12月9日，胡适在华盛顿女记者俱乐部演说，称："南京如失守，中国将继续抗战，虽战争延长至二三年，亦在所不惜。" 12月13日，胡适参加美国外交政策协会在纽约举行的关于远东战事讨论会，宣告中国是为生存而对日本的无止境侵略作战。据张忠绂后来回忆："嗣后政府退出南京，他却连电政府，主张'苦撑'。他向我说，我们此时不能求和，不得不对政府打气。"[2]此后胡适一直主张"苦撑待变"，即中国坚持对日作战，争取以美国为主的国际援助，等待国际局势的有利转变，特别是美国的参战。1938年7月13日，胡适在给傅斯年的信中说："国事至此，除'苦撑待变'一途，别无他法。"[3] 1941年12月7日，珍珠港事件爆发，美国对日宣战，胡适期待的有利国际形势终于出现，此是后话。

---

[1] 转引自胡颂平编著：《胡适之先生年谱长编初稿》（第5卷），台湾联经出版事业公司1984年版，第1617～1619页。

[2] 张忠绂：《迷惘集》，转引自胡颂平编著：《胡适之先生年谱长编初稿》（第5卷），台湾联经出版事业公司1984年版，第1625页。

[3] 《胡适全集》（第24卷），安徽教育出版社2007年版，第382页。

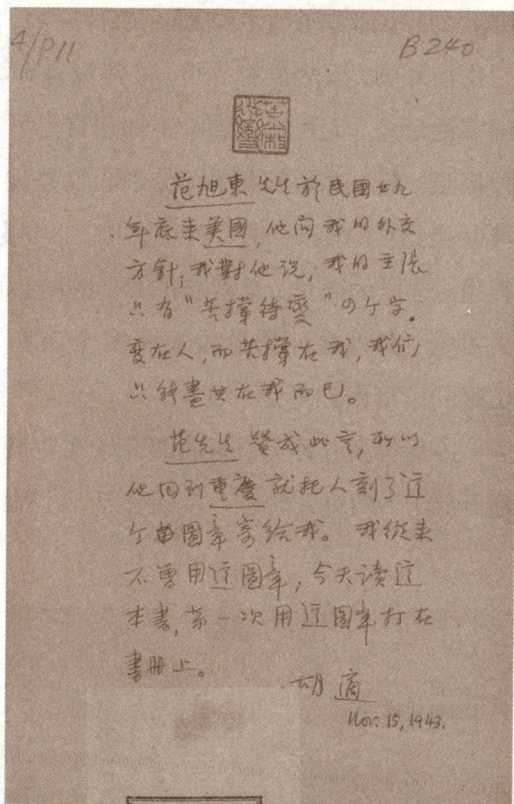

范旭东赠胡适"苦撑待变"图章与胡适题记。

　　1937年12月17日是胡适的46岁生日，晚上十一点，忙了一天的他回到旅馆，一个人感到非常冷清，于是给妻子江冬秀写信，说："今天是我生日，所以最想家。"信中还说，"再过两礼拜，是我们结婚二十年的纪念了。万想不到，我们会分在地球两半边过那个纪念日。"[1]

　　此时的胡适虽然没有具体的任务，但想到国家的危急、民族的苦难，不敢有偷闲的念头，于是频频出现于各种场合，或交谈应酬，或谈话演

---

[1]《胡适全集》（第24卷），安徽教育出版社2007年版，第358～359页。

讲。12月30日是胡适的结婚纪念日。当日晚,他给江冬秀写信,信中说:

"我在外国,虽然没有危险,虽然没有奔波逃难的苦痛,但心里时时想着国家的危急,人民的遭劫,不知何日得了。我有时真着急,往往每天看十种报纸,晚上总是睡得很晚,白天又是要奔走。二十七日早七点,我去费城赴会,住了两天,昨天到华盛顿,今早赶回纽约,来往共是四百五十三英里。这样的奔波,是常有的事。精神上的痛苦,往往是比身体上的痛苦更难受。我现在两边鬓发差不多全白了。"[1]胡适当时的焦急的心情和忙碌的情形由此可见一斑。

1938年新年刚过,胡适即开始在克利夫兰、纽约等地演讲。1月底,胡适开始了为期51天的旅行演讲生活,行程11000英里,演讲56次,除去路上

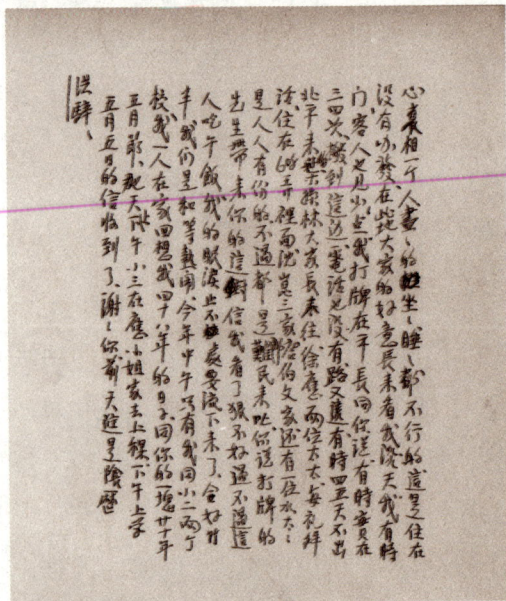

抗战期间江冬秀写给胡适的信。

[1]《胡适全集》(第24卷),安徽教育出版社2007年版,第361页。

1938年胡适与旅美华人等合影。

的时间，胡适经常一天演讲两次以上。此次行程包括安阿伯、芝加哥、明尼阿波利斯、斯波坎、西雅图、旧金山、洛杉矶、温哥华、多伦多、蒙特利尔、渥太华、绮色佳等美国、加拿大的许多城市。

胡适此行的演讲听众既有十几岁的中学生，二十出头的大学生，也有很多老年人，其中有一位竟有92岁的高龄。2月5日，胡适与斯波坎商学宗教界领袖人物共进午餐，并回答了关于中国抗战的提问。饭后一位穿白色制服的服务员拿出3块银元交给胡适，说是要捐给中国救急。胡适接受了银元，感动得热泪盈眶，连连感谢他的好意。胡适托人把3块银元转交给红十字会，同时把自己当日的演讲费35美元也捐了出来。

　　胡适此次周游美国和加拿大各地,除了为美国、加拿大人演讲,介绍中国文化和中国抗战情况,揭露日本侵略行径外,还与各地华侨和留学生座谈,通报国内形势,探讨未来出路。2月19日,胡适与56位在洛杉矶的中国学生交谈了1小时,他举歌德遇到国家大患难,爱莫能助时,就专心研究一种离时局最远的学问的例子,劝留学生们暂时忘了现实,努力做学问,为祖国的将来做准备。胡适当年留学时曾深受歌德故事的影响,此后一直坚持这种主张。

　　3月18日,胡适结束了五十多天的奔走宣传,回到纽约。

　　胡适回纽约后不久,又接受了几处演讲的邀请,其中3月31日的晚餐后演说,把几位美国老太太感动得哭了。4月6日,胡适送钱端升乘船到英国,而在此之前,张忠绂因家中有事已于1月27日启程回国,这样三个人的小团体只剩下胡适一人孤军奋战了。送钱端升那天,天空忽然飘起了雪花,更让胡适感到惜别之情和孤寂落寞。

　　胡适除演讲、交游之外,空闲时间还是有的,但除了与朋友聊天,他很少出入娱乐场所。4月27日,胡适看了一场戏,在日记中说这是他到美国后第二次看戏。他说:“我不大赴娱乐场,只是因为国家在破败状态。我们应该自己慎重,不可让人因为我们而讪笑我们这民族全无心肝。”[1]

　　6月29日,胡适从纽约出发,旅途约三千英里,主要是到密执安大学作四篇学术演讲,为了准备演讲稿,胡适连续三个晚上只睡四个小时。7月6日,胡适为密执安大学的中国学生作抗战一周年演说,尽管当时战事并不乐观,胡适还是希望留学生们不必太悲观,他总结说,抗战一年,有三方面超过我们的预想:一是我们自己的抗战能力;二是国际的援助;三是日本弱点暴露的迅速。

---

[1]《胡适日记全集》(第7卷),台湾联经出版事业公司2005年版,第534页。

7月13日，胡适乘Aquitania号远赴欧洲，并于7月19日到达巴黎。

7月20日，胡适接到纽约转来蒋介石签名的电报，要他担任驻美大使。胡适感到十分为难，一时不能决定。7月25日，胡适又接到行政院院长孔祥熙劝其出任驻美大使的电报。胡适经过反复考虑，于26日夜起草电文："……国家际此危难，有所驱策，义何敢辞。惟自审廿余年闲懒已惯，又素无外交经验，深恐不能担负如此重任，贻误国家，故迟疑至今，始敢决心受命。"[1]胡适后来在给傅斯年的信中说："大概此事我不能逃，亦不愿逃。明知不能有所作为，姑尽心力为之。"[2]

8月4日，身在伦敦的胡适想起还在北平的老友周作人，写了一首白话诗，希望他能离开北平南下：

藏晖先生昨夜做一梦，
梦见苦雨庵中喝茶的老僧。
忽然放下茶碗出门去，
飘萧一杖天南行。

天南万里岂不大辛苦？
只为智者识得重与轻。
梦醒我自披衣开窗坐，
谁人知我此时一点相思情！

周作人接到信后，于是年9月21日也作了一首白话诗答胡适，大意是感

---

[1]《胡适日记全集》（第7卷），台湾联经出版事业公司2005年版，第579页。
[2]《胡适全集》（第24卷），安徽教育出版社2007年版，第389页。

谢胡适的好意，但"庵里住的好些老小"需要照顾，不便南下。结果最终周作人还是依附了日本人。

8月24日，胡适离开伦敦，到瑞士苏黎世参加国际史学会，途中看报纸，得知日机击落中航客机，乘客中有自己的朋友银行家徐新六，胡适心乱不能做事，想想丁文江、徐新六这些有才干的朋友都不尽其用而死，感到自己的责任更重了。

9月4日，胡适收到徐新六遇难前一天从香港发给自己的信，信中说："如仍请兄担任，务勿推却。此时当一切一切以国家为前提也。"徐新六的信，坚定了胡适接受大使之职，为解救国家危难出力的决心。

9月12日，胡适到达日内瓦，与中国驻法大使顾维钧、驻英大使郭泰祺

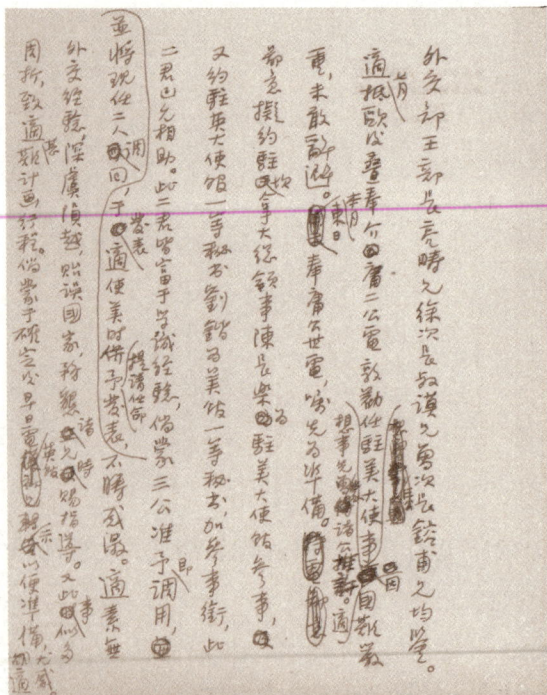

胡适致王亮畴电稿。

等参加国联大会。

9月13日，胡适接到国民政府外交部电报，得知政府当天已发布胡适任驻美大使的消息。胡适在当天的日记中说："二十一年的独立自由的生活，今日起，为国家牺牲了。"[1]

9月21日，胡适离开日内瓦，23日到达伦敦。

9月28日，胡适乘Queen Mary号赴美就任。29日，胡适接到伦敦转来的蒋介石的电报，指示其上任后应该考虑的四件大事：

（1）欧局变动中，如何促美助我。

（2）中立法。

（3）财政援助。

（4）禁军用品售日。

10月3日，船到纽约。6日，胡适到达华盛顿，美国外交部礼仪司司长代表外交部前往迎接，此外，美国外交部远东司司长等官员、驻美大使馆同事，以及华侨代表等也到车站迎接。是日，胡适入住"双橡园"官舍，开始人生中的第一次从政生涯。

10月7日，胡适拜见美国代外长，通告国书未到，先行视事，之后又到远东司、礼仪司拜访致谢。忙到很晚的胡适，与李国钦以及负责争取美国借款的银行家陈光甫到外面欣赏月色，稍事休息。望着纽约夜空的一轮明月，胡适忽然想起当天是中秋节，这本来是中国人团圆的节日，现在却只能与家人天各一方了，而像自己这样不能团圆的中国人又有多少呢？

由于初任大使没有外交经验，加上局势紧张，蒋介石频频发电下达指示，使胡适异常忙碌。10月9日，胡适忙中偷闲，早上难得地睡到十点，这是他这一周内唯一睡足八小时的一次。

---

[1]《胡适日记全集》（第7卷），台湾联经出版事业公司2005年版，第606页。

胡适上任之初，国内抗战局势正是处于不利局面之时。10月21日，国内再次传来不好的消息，广州失陷。陈光甫等人都很懊丧。胡适劝他们不要灰心，他说："我们是最远的一支军队，是国家最后的希望，绝不可放弃职守。"当天胡适还对大使馆的工作人员说："我是明知国家危急才来的。国家越倒霉，越用得着我们。我们到国家太平时，才可以歇手。"[1]当天胡适复电外交部，努力为国内打气："广州陷落，海外热情爱国之华侨多有恶感。然美国态度尚佳，仍积极进行经济援助之谈判。"

10月25日，武汉失守。当晚，美国财政部长邀请胡适和陈光甫到其寓所，宣布美国同意贷款2500万美元给中国的消息，由于美国刚通过中立法，故采取用桐油换取借款的方式。桐油借款的实现，表明美国已开始由道义上对日本的责难转变到实质上的对中国的援助，这也与胡适、陈光甫等人的努力分不开。

10月28日下午，胡适觐见罗斯福总统，正式递交国书。罗斯福说："美国将继续主张维持国际法律，增进国际正常关系，以谋促进文明之进步。胡大使名遍世界，今出任中国驻美大使，必能更进一步促进中美之谅解；美国对于中国，亦随时准备与之合作。"[2]

胡适到美国一年的时间，由于为国家担忧，为国事奔波，两鬓几近花白，中间也发现几根白发了。10月31日，陈光甫跟胡适要一张照片，胡适在其上自题小诗云：

略有几茎白发，心情已近中年，

做了过河卒子，只许拼命向前。

[1]《胡适日记全集》（第7卷），台湾联经出版事业公司2005年版，第616页。

[2] 胡颂平编著：《胡适之先生年谱长编初稿》（第5卷），台湾联经出版事业公司1984年版，第1650页。

1938年10月28日，胡适在华盛顿白宫呈递到任国书后所摄。

广州、武汉相继失陷后，国内主和的论调又高涨起来，而此时的胡适已放弃六年来主和的主张，认为当时的形势下，只有"苦撑待变"。11月13日，他在接到翁文灏报告汪、孔主和的电报后，复电云："六年之中，时时可和，但事至今日已不能和。六年中，主战是误国，不肯负责主和是误国，但今日屈伏更是误国。"[1]

12月5日，胡适因心脏病发作，住进纽约长老会医院，直到1939年2月20日出院，一共住院77天。

12月15日，中美2500万美元桐油借款的协定由陈光甫代表中国签订。

---

[1]《胡适日记全集》（第7卷），台湾联经出版事业公司2005年版，第619～620页。

12月18日，汪精卫从重庆秘密出走，12月29日，胡适在病榻上给汪精卫发了一个电报："此时国际形势好转，我方更宜苦挣，万不可放弃十八个月之牺牲。适六年中不主战，公所深知，今日反对和议，实为国家百姓设想。务乞公垂听。"[1]

1939年3月4日是美国国会成立150周年纪念日，胡适应邀出席，这是他病后第一次在公共场合露面。

3月8日，胡适为纳尔逊·T.约翰逊夫人题画两幅，其中一幅为侯女士画的北平美国使馆楼上所见紫禁城的风景，胡适在这幅画上题诗一首：

从你们的窗子上，

你们望见的是那一排排绿树高头，

那没有云的青天底下，

那暗澹的宫墙，

拥簇着映日的琉璃瓦。

你们望不见的，

而我心里怪惦念的，

是在那故宫北面，景山脚下——

那儿曾有我的工厂，

那儿曾有我的家！

此画勾起了胡适的思乡之情，这首小诗把他对国家和小家的思念之情

---

[1] 胡颂平编著：《胡适之先生年谱长编初稿》（第5卷），台湾联经出版事业公司1984年版，第1659~1660页。

非常真切生动地表达了出来。

胡适出任大使的基本原则是为国家尽心尽力，不求立功。他认为做大事不能被"立功"的念头所误，他在3月14日的日记中说："为天下国家做事，当存'为而不有'的观念。"[1]5月1日，胡适又在日记中写道："我去年早就宣布了我的'无为主义'，现在还是如此。无为不是不做事，只是不乱做事，不求立功。"[2]

6月6日，胡适参加了哥伦比亚大学毕业典礼，获法学博士学位。这是胡适出任大使后得的第一个名誉学位。这一年有五所大学要授予胡适名誉博士学位，因医生的劝诫，胡适最终决定接受两个学校的授予。一个是他的母校哥伦比亚大学，另一个是芝加哥大学。胡适一生共获得35个名誉博士学位，这些学位主要是在此期间获得的。

6月15日，胡适到绮色佳，参加康奈尔大学校友返校聚会，并被授予年级最有荣誉和成绩者证书。

此时胡适的一项主要任务是与陈光甫一道谋求美国的第二次借款，当年6月底，美国众议院通过中立法新案，将商业信用借款改为以90日为限，并不得转期，条件甚为苛刻，幸好后来此新案被参议院搁置。9月1日，德国分四路进攻波兰，欧战爆发。9月3日，英法对德宣战。在此有利情势下，国民政府当日电催胡适向美国借款。9月8日，胡适见罗斯福总统，除谈欧洲局势外，他面告罗斯福，桐油借款第一次应偿还之款已付清，桐油交货，既多又快，请求再给予滇锡抵押之第二次借款。

胡适任驻美大使之后，除正式外交工作之外，仍积极在美国各地演讲，力图使美方了解中国抗战对于世界和平的重大意义。10月30日，胡适

---

[1]《胡适日记全集》（第7卷），台湾联经出版事业公司2005年版，第635页。
[2]《胡适日记全集》（第7卷），台湾联经出版事业公司2005年版，第648页。

胡适（中）任驻美大使期间向美国总统罗斯福（左）解释中美友好万人签名簿。

赴纽约中国学会在瓦尔多夫—阿斯托里亚酒店的宴会，并发表了演讲《我们仍在抗战》。胡适在演讲中提出中日和议的三个必要条件：

（1）必须满足中国人民建立一个统一的、独立的、有力的民族的国家的合理要求。

（2）必不可追认一切用暴力违反国际信义造成的土地掠得及经济优势。

（3）必须恢复并加强太平洋区域的国际秩序，使此种侵略战争不得再见。

胡适在演讲最后说，因为这样一个公平和持久的和平目前尚未露出曙光，所以我们的人民还会照样坚持作战下去，直到上述的和平能够达成为止。

胡适的演说曾引发一个感人的小故事。那是在1938年12月5日，胡适在李国钦召集的午餐席上演说，偶然提到华盛顿的军队在1777年12月17日的窘迫情形，说自己记得这一天，是因为那是自己的生日。席上有一位叫做亨利·S. 格莱齐尔的先生，也是这一天生日。胡适生病住院后，他寄了100元钱，要胡适转交中国作战时救济，作为他们同生日的纪念。胡适很感动，也捐了100元，李国钦说格莱齐尔是他的客人，也捐了100元。这些钱一并送给了美国医药助华会。1939年10月，格莱齐尔先生去世。12月15日格莱齐尔夫人又寄了100元，支援中国抗战。胡适与李国钦分别又加了100元，捐作妇女会的救济款。1940年和1941年格莱齐尔夫人又照旧送去100元，胡适和李国钦又各捐了100元，四年累计捐款1200元。

胡适在身体稍事恢复后，不顾医生的忠告，又马不停蹄地奔波忙碌起来。在12月29日的日记中，胡适附上了当天的日程表，从早上九点到晚上九点半，共安排了八件事情，连胡适自己都感慨："要是天天如此，早就送命

1939年北大同人写信为胡适祝寿。

了。"[1]当天中午，胡适发表了《中国和日本的现代化：一个文化冲突的比较研究》的演讲。对于中日现代化的两个问题，即为什么日本的现代化成功了，而中国却失败了，以及中国为什么能够最终推翻其古老的文化和达成中国文化的复兴，而日本在七十年现代化后却仍无法抛弃其古老习俗的坚实的核心。胡适从中日文化的角度做了解释，言下之意，中国与日本的文化冲突实际上是民主与集权的冲突。1942年3月23日，胡适在华盛顿纳

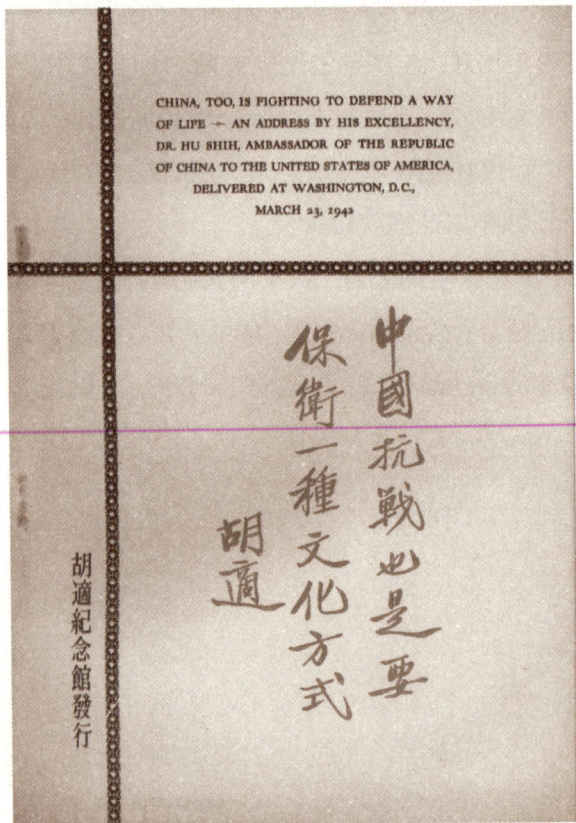

《中国抗战也是要保卫一种文化方式》。

[1]《胡适日记全集》（第7卷），台湾联经出版事业公司2005年版，第737页。

德克立夫俱乐部发表演讲《中国抗战也是要保卫一种文化方式》时，继续阐发了此种思想。他指出："今天，太平洋区域问题的关键，和西方世界所面临的，毫无二致。那便是极权统治下的生活方式，与民主生活方式的对垒。换句话说，也就是自由与和平对压迫与侵略的斗争。"胡适这一时期的演讲很多并不直接与抗战有关，而是谈中国历史、文学、哲学，甚至中国绘画，分析中日文化的不同及其根源等，在很多人看来似乎与当时的抗战没有什么关系，而胡适自己则认为："无关战事的演讲比直接的宣传更为有效。"胡适的演讲加深了美国公众对中国文化的了解，增强了他们对中国文化和中国人民的好感，并逐渐得到他们的同情和支持。前文述及的两个小故事即是例证。

1940年3月7日，经过多方努力，中国第二次借款——2000万元的滇锡借款的消息正式对外发布。

6月26日，宋子文到纽约，此后借款之事主要由其负责。胡适与宋子文相处似乎并不融洽，他在是年生日当天的日记中有所抱怨："这一年之内，我跑了不少的路，做了不少的演说，认识了一些新的朋友。读书的机会很少。做事的困难，一面是大减少了，因为局势改变的于我们有利了；一面也可说是稍增加了，因为来了一群'太上大使'。但是我既为一个主张发下愿心而来，只好忍受这种闲气。我的主张仍旧不变，简单说来，仍是'为国家做点面子'一句话。叫人少讨厌我们，少轻视我们，——叫人家多了解我们。我们所做的，不过如此。至于政策，则此邦领袖早已决定，不过待时演变，待时逐渐展开而已。"[1]

胡适对自己担任驻美大使的使命有清醒的认识，他在1941年5月16日给傅斯年的信中说得很明白："我在欧洲受命来此，我那时早就明白认

---

[1]《胡适日记全集》（第8卷），台湾联经出版事业公司2005年版，第79~80页。

定我的任务不在促进美国作战（我知道那是时势一定会促成的，而绝不是任何人能造成或促进的），而在抬高美国人士对我国的同情与敬意。我在此已两年零七个月了，所能看见的成绩，可说毫无。若就那空泛不可捉摸的方面说，我大概替中国留下了一点 'civilized people' 的印象，如此而已！"[1] 从中我们可以理解，为什么胡适担任大使之后，仍然努力从事各种演说。

1941年1月20日，胡适出席了罗斯福第三次连任总统的就职典礼。

是年6月，胡适在普渡大学毕业典礼上演讲《智识的准备》。胡适认为大学毕业生一直保留一点儿与众不同的标志，不是一件坏事，这是任何学术机构的教育家所最希望造成的。这个标志是什么呢？是一个多少受过训练的脑筋，一个多少有规律的思想方式。一个头脑受过训练的人在看一件事时是用批判和客观的态度，而且也用适当的智识学问为依凭。大学毕业生离开大学之后，最普遍的危险就是溜回到怠惰和懒散方式的思考和信仰。所以大学生离开学校后，最困难的问题就是如何继续培养精稔实验室研究的思考态度和技术，以便将这种思考的态度和技术扩展到他的日常思想、生活和各种活动上去。胡适最后建议，大学毕业生都应当有一个或两个或更多足以引起兴趣和好奇心的疑难问题，借以激起他的注意、研究、探讨或实验的心思。

6月22日，德军开始进攻苏联。

7月2日，中国外交部发表"对德、意两国绝交宣言"。

8月1日，美国白宫宣布对日完全经济制裁办法。

12月7日，珍珠港事变爆发。12月8日，美、英对日宣战。9日，中国对日宣战，同时对德、意宣战，正式成为同盟国的一员。11日，美国对德、意宣

---

[1]《胡适全集》（第24卷），安徽教育出版社2007年版，第552页。

战。胡适所主张的"苦撑待变"的"变"局终于出现。他说:"这使我国家民族松了一口气,太平洋局势大变了。"

1942年上半年,胡适虽然"体气稍弱",仍然旅行1.6万英里,演讲百余次。

1942年1月2日,白宫发表二十六国宣言,此为反轴心同盟之大结合。

2月4日,美国众议院通过对中国五亿元借款案。

5月17日,胡适给翁文灏、王世杰的信中说:"我很想寻一个相当机会,决心求去。我在此毫无用处,若不走,真成'恋栈'了。"[1]

9月11日,国民政府正式宣布免去胡适驻美大使职务,由魏道明继任。胡适很快办完交接手续,于9月18日离开了双橡园。

对于胡适的去职,美国各大报纸都作了报道。《华盛顿邮报》对胡适评价甚高:"胡适出任驻美大使四年,是有史以来最受欢迎的中国驻美使节。为了战火中的中国,他不辞劳苦地在全(美)国各地演说;……他所获得的学术和其他方面的荣誉超过驻在美国的任何使节。"[2]美国国务卿赫尔在9月4日的新闻发布会上赞扬胡适是华盛顿外交圈里最能干最有效率的一个公职人员。

胡适卸任驻美大使后,移居纽约,一方面密切关注中国的抗战形势和国际局势,一方面重新拾起被迫搁置五年的,自己兴趣所在的学术研究。

胡适卸任之后,美国各地二十多所大学纷纷邀请胡适于第二年春天讲学。胡适经过慎重考虑,决定不教书,利用这难得的清闲完成《中国思想史》的写作。胡适在是年12月7日给翁文灏、王世杰、蒋梦麟、傅斯年、汤用彤、罗常培诸人的长信中说:"我常说,我一生走好运,最幸运有四:

[1]《胡适全集》(第24卷),安徽教育出版社2007年版,第567页。
[2]转引自周质平:《"难进""易退"的胡适大使岁月述论》,《广东社会科学》2005年第1期。

1942年，胡适获纽约州立大学荣誉文学博士学位。

（1）辛亥革命，我不在国内，得七年的读书。（2）国民革命，我又不在国内，后来回上海住了三年，得一机会写我的文学史第一册及两汉思想史的长编。（3）抗战最初五年，我得一机会为国家服务，大病而不死。（4）今得脱离政治生活，是我得一正当的名义，安心回到学问的工作。"[1]

于是，胡适安下心来，开始写自己的《中国思想史》，计划首先重写两汉三国部分，用书方面主要托此时在美国国会图书馆工作的王重民代为借阅。1943年1月30日，胡适拿到了5000张新印制的每页200字的稿纸，可以写100万字，胡适很高兴。2月4日凌晨，胡适写成六年来第一篇中文考证文字《〈易林〉考》，他非常高兴。

可是毕竟公共图书馆的书不能随便标记、校勘或注释，不太方便。是

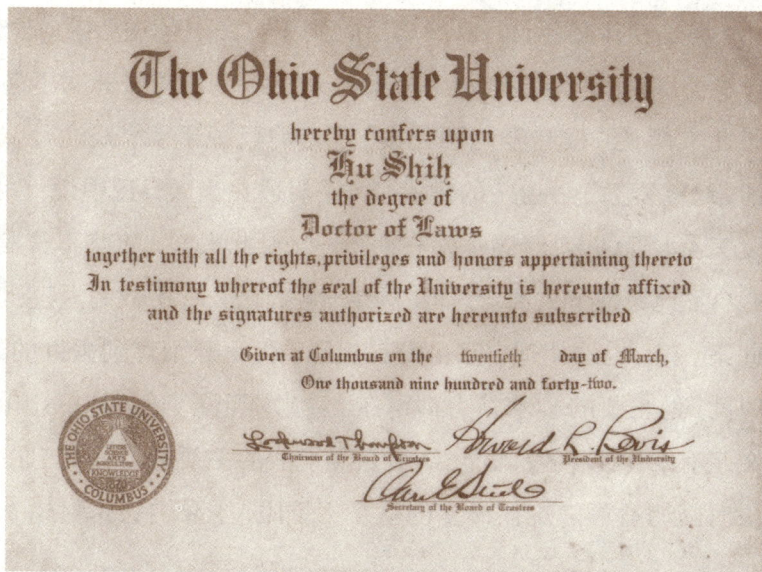

1942年，胡适获俄亥俄州立大学荣誉法学博士学位。

[1]《胡适全集》（第24卷），安徽教育出版社2007年版，第576页。

年3月，胡适从旧金山的服务公司买了一批存书，包括《百子全书》、《群书拾补》、《宋元学案》、《明儒学案》以及唐宋明人文集等。后来，久困书荒的胡适忽然想起好友赵元任有一套缩本《四部丛刊》，于是写信给赵元任，愿意出钱购买。没想到同样嗜书如命的赵元任竟爽快地答应了。1943年4月19日，赵元任的《四部丛刊》被邮寄到胡适纽约的寓所，胡适欣喜万分，打电报给赵元任说："I feel as rich as Indian Maheraja. A thousand thanks."胡适在日记中说："我有了这三百多种书，大致可以解决我的'书问题'了。以后所需，只有《道藏》、《佛藏》与理学书耳。"[1]

手头的书有了一定积累，加上王重民等人的帮助，胡适基本可以安心写自己的《中国思想史》了。但是没过多久，胡适收到王重民寄来的一篇文章，激起了胡适的"考据癖"和为乡贤戴震打抱不平的强烈愿望，《中国思想史》的续写再度被搁置。

那是在1943年11月8日，胡适收到王重民书信中所附《跋赵一清校本〈水经注〉兼论戴赵全赵两公案》一文后，对王重民此文不甚满意。王重民此文所说"戴赵全赵两公案"是指清代关于《水经注》"戴震偷赵一清，赵戴皆偷全祖望"的学术公案。胡适在当天日记中说："我生平不曾读完《水经注》，但偶尔检查而已。故对此大案，始终不曾发一言。但私心总觉此案情节太离奇，而王国维、孟森诸公攻击戴震太过，颇有志重审此案。"[2]也许胡适自己也没有想到，从此开始直到去世的近二十年的时间，他主要的学术精力都用在了"《水经注》案"上，写出的校勘考证文字有200多万字。同样，胡适在美期间的主要精力也都用在此案上，那段时间胡适写信交往最多的就是王重民，主要内容是讨论《水经注》和

---

[1]《胡适日记全集》（第8卷），台湾联经出版事业公司2005年版，第160页。
[2]《胡适日记全集》（第8卷），台湾联经出版事业公司2005年版，第184页。

委托王重民代为借阅相关书籍。此外，胡适还托当时在哈佛大学的杨联陞帮忙找书。1946年1月14日，胡适在写给张元济的信中对自己这几年的"《水经注》案"作了总结，说他尽量收集相关版本，进行对勘，并参考明、清四百年的郦学成绩，"始知前辈诸公都不曾用充分时间比勘这五六百万字的主要案卷，所以都不免'以理杀人'"。[1]

除了上述研究，胡适还从1944年11月开始，在哈佛大学讲了八个月的《中国思想史》。

虽然身处海外，远离战争，但胡适并非"两耳不闻窗外事"。1944年12月，日军通过豫湘桂战役，实现打通"大陆交通线"的目的，国民党军队节节溃败，国内局势危急。胡适写信给美国陆军总长和财政总长，希望自己熟悉的美国朋友能够推动美国政府加大对中国的支援。12月17日，胡适与张伯苓等实业、教育、文化界领袖21人发表联合宣言，要求盟国修改战略，并采取有效之军事行动，在中国战场打击敌

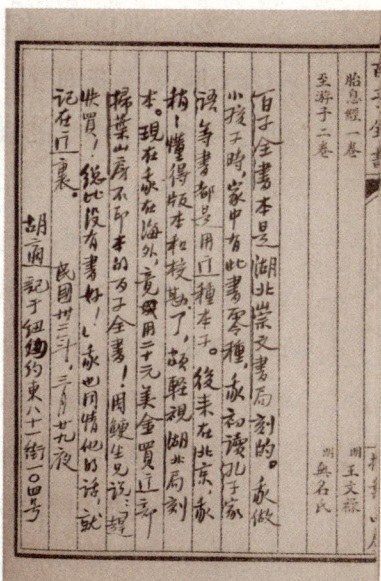

1943年3月29日，胡适在所购的《百子全书》上的题记。

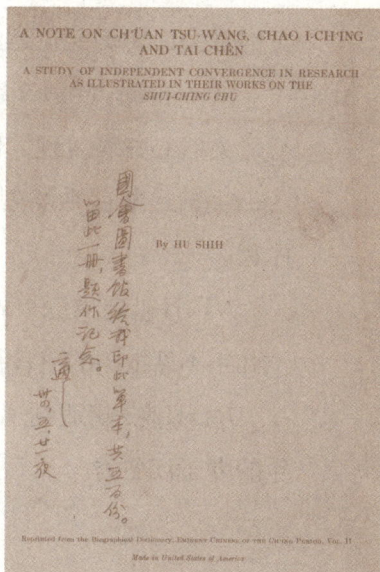

1945年前后美国国会图书馆印行的胡适《水经注》考证文章抽印本。

---

[1]《胡适全集》（第25卷），安徽教育出版社2007年版，第179页。

人。1945年8月14日，日本宣布无条件投降。胡适在当日给赵元任夫妇的信中开心地说："我四月尾出门一次，就死了墨索里尼，就死了希忒拉（希特勒），就结束了欧洲的战事！八月初又出门一次，就有了原子炸弹，就有了苏俄对日本宣战，就有了日本屈服求和！甚矣，夫门之不可不出也！"[1]

抗战胜利不到一个月，9月6日，国民政府任命胡适为国立北京大学校长，在胡适回国前由傅斯年暂时代理。胡适在美期间也一直牵挂着北大，1944年6月21日，胡适曾给杨联陞去信，希望他拿到博士学位后能去北大教书。1945年9月26日，胡适又给邓嗣禹写信，希望他到北大教历史。胡适还约请钱学森到北大创办工学院，后因钱学森一时无法脱身而作罢。

此外，胡适还帮助在英国治疗眼疾的陈寅恪，请哥伦比亚眼科研究所的专家会诊陈寅恪的诊断书。当知道已经无法医治时，胡适感到非常遗憾，他在日记中说："寅恪遗传甚厚，读书甚细心，工力甚精，为我国史学界一大重镇。今两目都废，真是学术界一大损失。"[2]胡适还托人给陈寅恪带去1000美元汇票。

1946年4月，胡适开始收拾书籍、手稿和行李，做归国的准备。5月2日，胡适突然心脏病复发，幸好不甚严重，但归期不得不稍作推迟。

6月5日，胡适乘船离开纽约，结束八年零八个月的在美生活，开始归国旅程。

7月4日船到吴淞口外，"海上晚霞奇艳，为生平所少见"，胡适感慨："九年不见祖国的落日明霞了！"[3]

7月5日晚，胡适到达上海，祖望等人来接。23时，胡适终于见到分别九年的妻子江冬秀。

---

[1]《胡适全集》（第25卷），安徽教育出版社2007年版，第158页。
[2]《胡适日记全集》（第8卷），台湾联经出版事业公司2005年版，第226页。
[3]《胡适日记全集》（第8卷），台湾联经出版事业公司2005年版，第250页。

八　北大校长

胡适任北京大学校长期间，在学生集会上演讲。

　　1946年7月5日,胡适乘船到上海,还没进吴淞口,记者就乘海关汽船慕名登船采访。胡适灵机一动,想借此机会登个征集《水经注》版本的广告,于是大谈自己在美国期间的《水经注》研究。这个办法果然有效,不久,上海各种《水经注》的本子都被送到胡适那里。

　　胡适刚到上海即成新闻人物,到上海的第二天,胡适因腹泻竟昏晕了两三次,第三天报上就登出"胡适不适"的新闻来。

　　1946年7月29日,胡适与祖望乘飞机抵达北平,傅斯年、郑天挺、汤用彤等北大同人到机场迎接。8月4日,北大校友会在蔡元培纪念馆欢迎胡适。

　　8月16日,胡适主持北大行政第一次会议,主要讨论了北大新建院系和教师聘任问题,决定在文学院下添设东方语言文学系,理学院的生物系分为动物系和植物系,新建农、工、医三个学院。9月20日,胡适正式接任北大校长。在他的主持下,聘任樊际昌为教务长,陈雪屏为训导长,郑天挺为总务长,汤用彤为文学院院长,饶毓泰为理学院院长,周炳琳为法学院院长,马文昭为医学院院长,俞大绂为农学院院长,马大猷为工学院院长。此外还完成了各系主任的聘任工作,胡适自兼中文系主任。至此,抗战回迁的北大经过傅斯年的整顿和胡适

1946年胡适与傅斯年、胡祖望在北平。

的调整，开始走上正轨。据邓广铭回忆，胡适接手北大之初，对文科各系的学风也有不满之处。"他曾向人表示，他很想把中文系某些教师的繁琐考证风气加以扭转，使他们能做到他所主张的'大处着眼，小处入手'。"[1]但由于胡适摆脱不掉很多政治活动和其他应酬，这些想法并未得到实现。

10月10日，胡适在北京大学开学典礼上发表演说，他首先分六个阶段回顾了北大的历史，然后对新北大提出希望："希望教授、同学都能在学术思想、文化上尽最大的努力作最大的贡献，把北大作成一个像样的大学；更希望同学都能'独立研究'，不以他人的思想为思想，他人的信仰为信仰。"胡适还说："自由研究是北大一贯的作风。'自由'是学校给予师

---

[1] 邓广铭：《胡适在北京大学》，欧阳哲生选编：《追忆胡适》，社会科学文献出版社2000年版，第43页。

胡适1946年前后的照片。

生的。'独立'则为创造的。"胡适还提出，希望学校没有党派。"北大不愿学生、教授在这里有政治活动，因为学校是做学问的地方，学做人做事的地方。"[1]胡适还引用吕祖谦"善未易明，理未易察"的名言，告诫北大学生要独立思考，不要盲从。

胡适当校长非常民主，"他的办公室，采公开政策，教授随时可以进去，不必有预约。凡是进去的人，工友照例倒一杯茶，送上热手巾，然后随便谈天。"[2]

胡适当了北大校长后，曾屡次向人说，蔡元培任北大校长期间，修建了红楼；蒋梦麟任北大校长期间，修建了图书馆；我在任期间也要为北大

[1]《胡适全集》（第20卷），安徽教育出版社2007年版，第216页。
[2]邓嗣禹：《胡适之先生何以能与青年人交朋友》，欧阳哲生选编：《追忆胡适》，社会科学文献出版社2000年版，第478页。

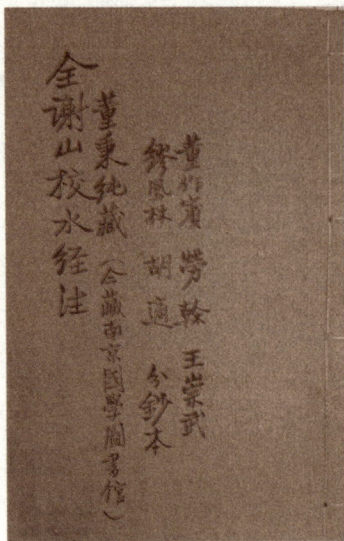

胡适与董作宾等人分抄的全祖望校《水经注》。

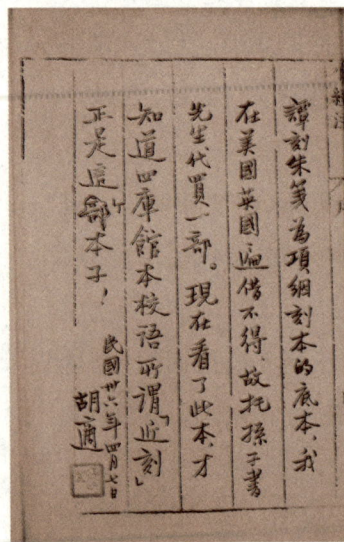

胡适在谭刻朱笺本《水经注》上的题记。

修建一座值得纪念的建筑——一座礼堂。后来胡适正式提出此议，并与建筑学家梁思成商谈，积极为此事筹措经费。可惜由于局势动荡，这个想法未能实现。

胡适到北平之后，仍念念不忘《水经注》各种版本的收集，到是年9月28日，由于"广告"效应，加上胡适自己的宣传、朋友的帮助，胡适在北平收集到20种《水经注》本子。此外，胡适还抽空到藏书家傅增湘处借阅《水经注》。10月19日，胡适到南京参加中央研究院评议会。其间胡适到中央图书馆、江苏省立国学图书馆查阅《水经注》。10月30日，胡适飞回北平。11月11日，胡适再飞抵南京，此次是参加国民大会。14日，胡适再次到江苏省立国学图书馆翻阅所藏三部《水经注》。在收集和翻阅了很多《水经注》之后，胡适开始对各本进行校对比勘。到1947年2月18日，胡适写了一个《〈水经注〉本子简目》，其收集、过目的《水经注》本子已经有60种之多。

在1946年12月的国民大会制宪会议上，胡适与朱经农等204人联名提出《教育文化应列为宪法专章》的提案，又与17位自由职业教育界国大代表联合提出建议书，请政府注意有关教育的重大问题。建议书开篇即指出："查教育为立国之本，亦为施行民主政治之基础。当今宪法正在制定之时，尤赖教育之普遍推行，以使人民有行宪与行使政权之能力"。[1] 建议书主要内容包括：延用专才，增进效率；敌伪产业，拨充经费；县教育局，提早恢复；奖励私校，予以补助；教员待遇，迅即提高；被占校舍，严令发还；等等。

胡适执掌北大后，对于北大和整个国家教育的发展都有很多设想和计划，自己也准备用数年的时间来使北大有所成就，并由此带动全国高等教育的发展。然而，随着国内局势的演变，国民党政府江河日下，国内矛盾不断激化，胡适很多时间和精力用在了教育和学术之外的事情上。他一方面被迫处理不断发生的学潮，一方面又不得不参与一些政治活动。此外，在此时期蒋介石还几次想拉胡适参政，胡适不得不想办法再三推辞。

胡适就任北大校长三个多月时，就发生了极为棘手的事情：1946年12月24日，北大先修班女生沈崇被美国大兵侮辱，引起国人的愤怒，北平学生罢课，举行示威游行，要求美军撤出中国。当时胡适还在南京参加国民大会，由于没有意识到问题的严重性，直到12月30日才回到北平。北平记者问胡适对美军强奸女生的看法，胡适表示，自己和北大的教授、学生一样，非常愤慨。学生的集会游行抗议都无不可，但是罢课还是有欠妥当。记者又问，学生提出美军退出中国，胡校长同意吗？胡适回答，此次不幸事件为一法律问题，而美军退出中国则为政治问题，不能混为一谈。胡适回北平后，一方面尽力安抚学生，劝说他们不要上街游行，一方面安排聘请赵凤阶、燕树棠等人作为沈崇的法律顾问，进行援助。胡适在接受记者采访时称，我相信会有公正的判决。1947年1月中旬，美军军事法庭审判时，胡适作为受害女学生代表出庭，控诉美军士兵的暴行，最后美军士兵

---

[1]《胡适全集》（第20卷），安徽教育出版社2007年版，第219页。

皮尔逊被宣判强奸已遂罪。胡适对记者说，正如自己之前所相信的，审判还是极为公正的。然而，事情至此并不是最终的结果，皮尔逊后来向美军上级军事法庭上诉，经海军部长裁决，被宣布无罪释放。胡适对前来采访的记者说，他对此表示失望，并说自己相信美国法律的尊严，希望美国海军部长不会批准检察官取消皮尔逊的罪状。

1947年初，国民党改组政府，蒋介石有意让胡适出任国民政府委员、考试院院长，先后让傅斯年、王世杰劝说胡适。胡适在给傅斯年的信中说，自己如果出来当官，"结果是毁了我三十年养成的独立地位，而完全不能有所作为。结果是连我们说公平话的地位也取消了"，那样就"成了政府的尾巴"。[1]胡适在给王世杰的回信中又说，自己坚辞不就的"理由无他，仍是要请政府为国家留一两个独立说话的人，在要紧关头究竟有点用处。我绝不是爱惜羽毛的人，前次做外交官，此次出席国大，都可证明。但我不愿意放弃我独来独往的自由"。胡适还表示不愿在此时放弃北大，他说："我愿意做五年或十年的北大校长，使学校有点成效，然后放手。此时放手，实无以对北大同仁，亦对不住自己。……总而言之，我请求蒋先生容许我留在此地为国家做点有用的事情。"[2]

3月6日，胡适飞到上海，参加协和医学院董事会，并忙中偷闲，借阅了商务印书馆藏杨守敬、熊会贞的《水经注疏》。

3月13日，胡适又到达南京。当天晚上，蒋介石请胡适吃饭，胡适说明自己不想当官的理由，希望蒋介石不要逼他加入政府。蒋介石最后说，国家不到万不得已的时候，我决不会勉强你。胡适听了，很高兴，总算松了口气，出来之后对傅斯年说："放学了！"实际上蒋介石并未完全放弃，此

[1]《胡适全集》（第25卷），安徽教育出版社2007年版，第221页。

[2]《胡适全集》（第25卷），安徽教育出版社2007年版，第226~227页。

事到此并未结束。当时北大的教授也不希望胡适离开北大从政，或者以北大校长兼任国府委员，汤用彤、饶毓泰、郑天挺联名致电教育部部长朱家骅，认为"北大方始复员，适之先生万不能中途离校"。如果兼任国府委员，"不惟妨碍北大前途，又与大学组织法不合"。三位教授还强调了胡适留任北大校长对于稳定大局的作用："今日大局不安，教育界往往为不安之主因，适之先生在北大，对整个教育界之安定力量异常重大。"[1] 最后经朱家骅、王世杰、傅斯年等人说情，蒋介石才作罢。4月18日，蒋介石在给胡适的电报中说："不克延致，殊为耿耿。若有两全之道，则必借重以慰群望也。"[2]

3月14日，胡适在中基会年会上提出中基会与北大的第二次合作议案，具体内容是：北大向中基会借30万美元，分两年支付，作为购买图书、设备之用。北大每年付息五厘，由教育部担保，用美金偿还。两年之后，分十五年还本。

3月15日，胡适又参加中央研究院评议会谈话会，商讨中央研究院院士选举法草案。胡适回北平后参与了中央研究院第一次院士选举"人文组"名单的推荐工作。

3月22日，胡适飞回北平。刚回北大，教务长郑华炽就向胡适汇报，此次学期考试，所有考试科目里半数不及格的学生有125人，先修班不及格的有60人，教务会议经过几次郑重考虑，决定按照北大学则的规定，给予退学处分。此后胡适接见了好几批为此请愿的学生，胡适考虑到不及格学生的实际困难，以及学期中退学可能会导致被退学生因无学校可入而失学等因素，给郑华炽写信，建议北大教务会议容许不及格的学生留校察

[1]《胡适全集》(第25卷)，安徽教育出版社2007年版，第238页。
[2]《胡适全集》(第25卷)，安徽教育出版社2007年版，第249页。

看一学期，使他们有奋发振作以及补救的机会。胡适对于此事的处理，既体现了他对学生求学机会的珍惜和爱护，也体现了他尊重北大教务会议的民主作风。

这一年五四前夕，胡适应邀出席北大学生"五四筹备会"举行的纪念活动，作《五四新思潮运动的意义》的演讲，随后根据演讲大意写成《五四的第二十八周年》一文，发表在5月4日出版的《大公报上》。胡适在文中首先对五四运动的经过作了介绍，引用了孙中山对五四运动的评价。文章最后指出："我们在二十八年后纪念五四，也不能不仔细想想我们今日是否已'收革命之功'，是否还'必有赖于思想之变化'。"[1]

胡适在这一时期，虽然没有从政做官，却依然对政治保持着关注，除了直接参加一些政治活动外，胡适还继续"谈政治"。1947年5月，胡适与

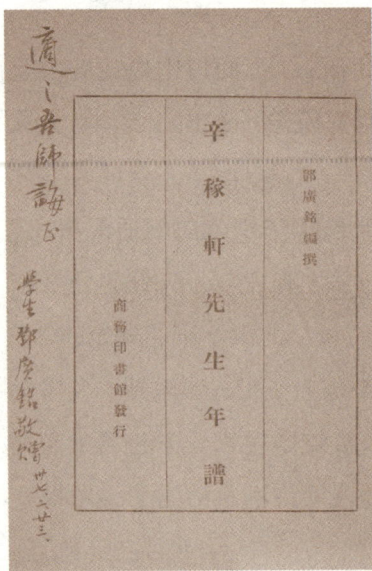

1948年2月23日，邓广铭在赠胡适《辛稼轩先生年谱》上的签名。

[1] 欧阳哲生编：《胡适文集》（第11卷），北京大学出版社1998年版，第796~797页。

崔书琴、张佛泉等人发起成立了"独立时论社"，约集一些学者名流定期撰写文章，分寄各地报馆，并指定日期一齐刊出。胡适本人除了积极写稿外，还利用自己的影响和人际关系邀集一些知识分子加入，如陶孟和、燕树棠、毛子水、姚从吾、汪敬熙、韩寿萱、朱光潜、邓嗣禹、王铁崖、陈振汉、楼邦彦、陈岱孙等。

5月，北平各大学学生举行罢课和示威游行。5月19日，北平行辕主任李宗仁召集平津两地院校校长及教授开茶话会，胡适在会上发言，他说，中国的现状，不但青年人不满，中年人也不满。认为凡是在政治不能令人满意的时候，提倡政治改革的责任，一定落在青年肩头。胡适主张，应该给予青年人合理的自由。但胡适在当天接受记者采访时，仍然坚持一贯的主张，认为罢课不能解决政治问题，实际上是最愚笨而最不易收效的武器，因为罢课的结果，受损失的是学生自己。

5月21日，胡适给张元济写信，感谢商务印书馆惠借藏文甘珠尔，胡适在信中告诉张元济，北大新设立东方语文学系，已设立梵文、藏文、阿拉伯文专业，下学年添设波斯文专业。除了向商务印书馆借得藏文经典外，"最近还可购得一批梵文与巴利文经典，此系大可有发展之望了"。当时任东方文学系主任的，就是后来的著名学者季羡林。信中所说购得的"梵文与巴利文经典"购于著名学者陈寅恪。据说当时陈寅恪生活困苦，无钱买煤过冬，忍痛割爱，将此批书转让给北大。是季羡林乘坐胡适的小汽车将书拉回北大的。

6月2日，一位名叫邓世华的北大一年级学生给胡适写信，诉说自己的苦闷，他在信中问了七个问题，包括国家是否有救，国家前途是否无望，青年人的苦闷如何发泄等。胡适当晚写了一封一千多字的回信。胡适在信中说，今日的苦痛，都是我们大家努力不够的结果，"青年人苦闷都由于当年希望太大，所以今日必须明白和平比八年苦战困难得多，抗战时须吃苦努力，和平来了更要吃苦努力，才可以希望在十年之中做到一点复兴的希望"。[1]胡适后来又将此意写成《青年人的苦闷》一文。

此时的北平由于铁路交通经常中断，粮价飞涨，胡适决定不离开，稳定学校人心。再加上这时医学院院长马文昭辞职，文学院院长汤用彤出国，法学院院长周炳琳也郑重地提出辞职，胡适这个校长做得真是不易。

8月1日，胡适在北平中央电台发表了《眼前世界文化的趋向》广播演说。胡适指出，几百年来，由于世界交通日益便利，世界文化逐渐趋向混同一致。在这个自然的趋势里，可以看出世界文化三个共同的理想目标："第一，用科学的成绩解除人类的痛苦，增进人生的幸福。第二，用社会化的经济制度来提高人类的生活，提高人类的生活程度。第三，用民主的政治制度来解放人类的思想，发展人类的才能，造成自由的独立的人格。"[2]胡适的这一演说引起了一些人的抗议和批评。8月24日，胡适又写成《我们必须选择我们的方向》一文，进一步阐明自己的立场："第一，我深信思想信仰的自由与言论出版的自由是社会改革文化进步的基本条件。……第二，我深信这几百年中逐渐发展的民主政治制度是最有包含性的，可以推行到社会的一切阶层，最可以代表全民利益的。……第三，我深信这几百年（特别是这一百年）演变出来的民主政治，虽然还不能说是完美无缺陷，确曾养成一种爱自由、容忍异己的文明社会。"胡适说这三点是自己"偏袒"世界民主自由大潮流的主要理由，他相信这个潮流将来"一定获胜"，而那个反自由不容忍的专制运动只是近三十年历史上的一个小小的逆流。胡适坚持认为："我们必须选定我们应该走的方向。只有自由可以解放我们民族的精神，只有民主政治可以团结全民族的力量

---

[1]《胡适全集》（第25卷），安徽教育出版社2007年版，第258页。
[2]欧阳哲生编：《胡适文集》（第12卷），北京大学出版社1998年版，第669页。

来解决全民族的困难，只有自由民主可以给我们培养一个有人味的文明社会。"[1]

8月28日，胡适到南京。9月5日，胡适到上海，与徐森玉同到瞿旭初家看铁琴铜剑楼的明抄宋本《水经注》。9月7日，胡适返回北平。胡适此次在南京期间，曾在一次茶会上向蒋介石提出改善今后大学教育应该有十年计划的意见。9月6日和9月7日，胡适分别对上海和北平的记者谈到此计划和教授面临温饱问题以及学潮等问题。胡适强调，教授们吃不饱，生活不安定，一切空谈都是白费。对于中国的大学教育，胡适主张走一条独立自主的道路。他说，国家经济力量不足，势难做到普遍提高教育经费。因此提议前五年预选五所大学，给予这些大学充分的经费，使其发展成为全国乃至全世界有名的大学。再过五年，再选择五所优秀国立大学，给予充分发展的机会。胡适说，根据调查，本年共录取自费、公费留学生2000余人，如果按照每人2000美元计算，一共要400万美元。如果用这笔钱作为五所大学的经费，可以使这五所大学得到完善而成名。胡适说，现在可以提供第一期经费支持的大学是：北大、清华、浙大、武大、中大。这五所大学战前已经具备很好的基础，如果能够得到充分的经费支持，一定可以成为世界有名的高等学府。至于第二个五年计划，还要视以后各大学自身的发展而定。这样经过五年、十年之后，中国可望有五所至十所设备完善、学术独立之真正大学。关于学潮，胡适认为学者应为己，先充实发展自己；为己有余，始可为人。学生贴标语，喊口号，罢几天课，不能解决问题。胡适再度提到挪威戏剧家易卜生的名言："把你自己这块材料铸造成器。"他说，现在一个教授薪水不如茶役，然而仍有人愿意继续执教，学

---

[1] 转引自胡颂平编著：《胡适之先生年谱长编初稿》（第6卷），台湾联经出版事业公司1984年版，第1988~1990页。

生破衣破鞋不怕，国家之有救，就在此了。9月18日，胡适写成《争取学术独立的十年计划》一文，发表于当年9月28日的《中央日报》。在这篇文章中，除了上述胡适对记者介绍的内容外，胡适指出自己所说的"学术独立"不是指中国学术可以脱离世界学术，也不是指中国不再派学者留学国外。所谓"学术独立"必须具备四个条件："（一）世界现代学术的基本训练，中国自己应该有大学可以充分担负，不必向国外去寻求。（二）受了基本训练的人才，在国内应该有设备够用和师资良好的地方，可以继续作专门的科学研究。（三）本国需要解决的科学问题如工业问题、医药与公共卫生问题、国防工业问题等等，在国内都应该有适宜的专门人才与研究机构可以帮助社会国家寻求得解决。（四）对于现代世界学术，本国的学人与研究机构应该和世界各国的学人与研究机构分工合作，共同担负人类学术进展的责任。"胡适还指出："这个十年计划应该包括整个大学制度的革新。也应该包括'大学'的观念的根本改换。……今后中国的大学教育应该朝着研究院的方向去发展。凡能训练研究工作的人才的，凡有教授与研究生做独立的科学研究的，才是真正的大学。……从这个新的'大学'观念出发，现行的大学制度应该及早彻底修正，多多减除行政衙门的干涉，多多增加学术机关的自由与责任。"[1]10月10日，胡适在天津六科学团体联合年会上演讲《大学教育与科学研究》，他主要讲了美国人吉尔曼（D. C. Gilman）创办约翰·霍普金斯大学，提倡高等学术，提倡研究考据，创办研究院的故事，以此来告诉人们科学研究对于大学的重要性。

正当胡适为国家高等教育雄心勃勃地规划设计的时候，教授们现实生活的困境却让他很沮丧。9月23日，胡适主持北大教授会，到会教授一百多人，大家谈的都是最基本的生活不能保障的问题。向达教授说："我们

---

[1]《胡适全集》（第20卷），安徽教育出版社2007年版，第226～228页。

今天愁的是明天的生活，哪有工夫去想什么十年二十年计划？十年二十年后，我们这些人都死完了。"胡适听了很生气，但也无可奈何，回到家里感到非常悲观，心里想：这样的校长真不值得当。

10月13日，胡适到南京，参加中央研究院院士选举筹备委员会，负责人文组审查会的召集，到17日，确定院士150个候选人名单。10月18日，胡适在南京见到在英国参加完太平洋学会回来的蒋梦麟。胡适希望将北大校长之职"还给"蒋梦麟，这也是他此次南下的主要目的，但蒋梦麟仍然不肯答应。10月21日，胡适在考试院作《考试与教育》的演讲，先是介绍了中国历史上的考试制度及其影响，最后指出当时社会对教育与考试不够重视，他说："我有三十二张博士文凭（有一张是自己用功得来，另三十一张是名誉博士），又当了大学校长，但是我所拿的薪津，和一个银行练习生相差不多。我并不是拿钱做标准来较量，但是在这种状态之下，如何能使社会上的人士对考试及格的人起一种信仰呢？"[1]

10月30日，胡适出席北大工学院44周年纪念会，并发表讲话。胡适指出，欧洲大学之所以能够具有悠久的历史，长久持续下去，主要有两个原因，一是有主持财产的董事会，二是有终身任教职的教授会。此外，胡适还强调了美国大学校友会的作用，认为校友会在财产管理和人才选择方面起到了非常重要的作用。

11月9日，胡适回想起四年前自己给王重民写的一封长信，这是他考证"《水经注》案"的第一封信。胡适在当天的日记中对自己四年来的考证工作作了总结："在这四年里，我做了不少的侦查工作，收集了全部证件，写了几十篇大小题目的文字。案情已大致明白了，判决书还没有写

---

[1]《胡适全集》（第20卷），安徽教育出版社2007年版，第243页。

成。"[1]11月19日，胡适写信给王重民，对"这四五年在学问上的合作的乐趣"表示感谢。

1947年是胡适参加各种会议较多的一年，为此他频频南下。12月11日，胡适第四次南下。12月13日，中基会第二十次年会在南京召开，会议决定拿出25万美元，帮助不超过四个大学的某一个学科部门添置研究设备，会议拟议的四所大学：北大10万美元，专门用于物理系；中大、浙大、武大各5万美元。

胡适任北大校长期间在学科建设方面的一个重要计划就是物理系的发展和筹建原子物理研究中心。大约在1947年，胡适给当时的国防部长白崇禧和总参谋长陈诚写信说："我要提议在北京大学集中全国研究原子能的第一流物理学者，专心研究最新的物理学理论与实践，并训练青年学者，为国家将来国防工业之用。"胡适在信中开列了钱三强、何泽慧、胡宁、吴健雄、张文裕、张宗燧、吴大猷、马仕骏、袁家骝等九人名单，并且说他们是"极全国之选"，并且都已经答应到北大。胡适说："我们仔细考虑，决定把北大献给国家，作为原子物理的研究中心，人才罗致，由北大负责。但此项研究与实验，须有充分最新式设备，不能不请国家特别的补助。"因此胡适申请在国防科学研究经费里下拨50万美元用于购买设备，[2]但这一宏伟的计划同样由于时势的原因未能实现。

12月16日，胡适出席"美国在华教育基金"委员会与中国顾问委员会联席会议，胡适与萨本栋、吴贻芳、韩庆濂为中国顾问。

此时蒋介石有意请胡适再度出任驻美大使，胡适在南京期间，王世杰、陈光甫等老朋友也都劝说胡适再度赴美。胡适婉言拒绝，说自己老了，

[1]《胡适日记全集》（第8卷），台湾联经出版事业公司2005年版，第333页。
[2]《胡适全集》（第25卷），安徽教育出版社2007年版，第285~286页。

十年的差别，确实不比从前了。12月17日，胡适给王世杰写信，申说了自己不能接受此任的理由："第一，我受命办一个学校，不满一年半，未有成绩，就半途改辙，实在有点对不住自己，对不住国家。……第二，我近年五十七岁了，余生有限，此时改业，便是永远抛弃三十多年的学术工作了。我曾细想，我的永远改业，不能不说是国家社会的一大损失。……第三，我自从一九四二年九月以来，决心埋头治学，日夜不懈，总想恢复我中断五年的做学问的能力。此时完全抛下，而另担负我整整五年中没有留意的政治外交事业，是用其所短而弃其长，为己为国，都无益处。"[1] 这一天恰好是北大49周年校庆，也是胡适56周岁的生日，南京北大同学会在中央饭店庆祝北大校庆，并为胡适做寿。胡适发表了即席演讲，他说，我当年只是一个26岁的留学生，如果不是蔡元培校长聘我，我是不能到北大教书的。到北大之后，发现有很多北大学生读书很多，而且思想成熟，于是觉得非拼命用功不可。因此，是北大成全了我。说到动情处，胡适声泪俱下。

12月19日，胡适回到北平。12月28日，为纪念熊希龄逝世十周年，胡适写成《追念熊秉三先生》一文。他摘引自己参观熊希龄夫妇创办的香山慈幼院的两段日记，肯定了他们的办学成绩。胡适还回忆了与熊希龄交谈的往事，肯定他是个有办事才干，同时又是个真爱国、真爱人的人。

12月30日，是胡适与江冬秀结婚三十周年纪念日，一些在北平的朋友赶来道贺，热闹了一番。

1948年，新年刚过，胡适即开始《水经注》的研究校勘工作。此次是用从天津图书馆借来的全祖望校本过录到自己的薛刻本上，并逐条加上自己的意见，因此颇费时日，有时候一天要校9个小时。

1月11日，胡适看到李宗仁决定参加副总统竞选的消息，认为这对于

---

[1]《胡适全集》（第25卷），安徽教育出版社2007年版，第305页。

推动民主制度是有利的, 于是写信给李宗仁表示赞成和敬佩, 胡适在信中引用了自己从前作的《中国公学运动会歌》, 其中有"只一人第一, 要个个争先"两句, 胡适解释说: "第一虽然只有一个, 还得要大家加入赛跑, 那个第一才是第一。"[1]

3月21日, 胡适到上海, 并于24日主持北平协和医学院董事会。3月25日, 胡适又到南京参加中央研究院的评议会。3月27日, 经过五次投票, 评议会选出院士81人, 胡适当选为人文组院士。29日, 胡适出席国民大会。在大会期间, 王世杰告诉胡适, 蒋介石考虑到现行宪法之下总统受到很多束缚, 因此想宣布自己不竞选总统, 提名胡适为总统候选人, 自己做有真正实权的行政院长。胡适考虑再三, 本来已经接受, 后来又放弃了。王

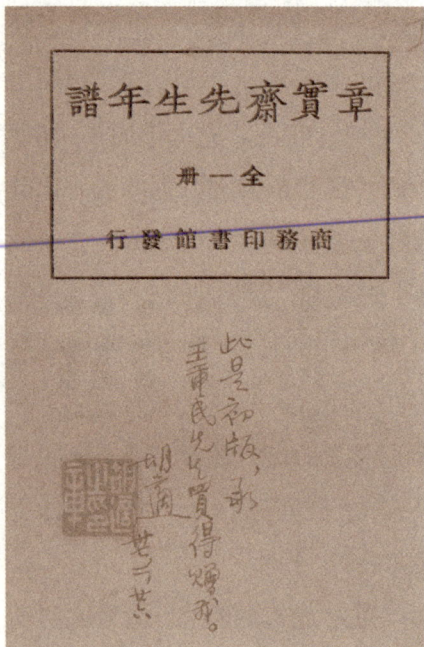

1948年2月26日胡适在《章实斋先生年谱》上的题记。

[1]《胡适全集》(第25卷), 安徽教育出版社2007年版, 第315页。

世杰向蒋介石汇报后，4月1日，蒋介石约见胡适，希望胡适不必多虑，出来做总统候选人。胡适毕竟是书生，不知道这是蒋介石玩弄的政治手腕，故意做出高姿态给人看，竟被蒋介石的"诚恳"态度所感动，于是说："请委员长决定吧。"4月4日，在讨论总统候选人的中央执行委员会全体会议上，蒋介石声明自己不做总统候选人，并提出候选人的四个条件：文人、学者专家、国际知名人士、不一定是国民党员。虽然没有指名道姓，大家都明白显然是指胡适。然而，蒋介石的提议遭到党内多数人的反对，没有通过。4月5日，蒋介石派王世杰向胡适表示歉意，胡适在当天的日记中说："我的事到今天下午才算'得救了'。"[1]4月8日，蒋介石请胡适吃饭，亲自向胡适道歉。胡适则很诚恳地回答，党内最高干部反对总裁的主张，这是好现象。4月19日，蒋介石当选为中华民国第一任总统，这场闹剧也就彻底结束了。

5月9日，胡适飞回北平，继续其耽搁了五十天的《水经注》研究，仅7月关于《水经注》的书信文章就有八篇之多。此时由于国民党政府经济危机日益加深，北大教授的日子也非常不好过。远在美国的赵元任夫妇托人给胡适带去200美元支票。胡适在5月24日的回信中谈到当时北大教授的困境，说北大的教授本月可得2000万元，只相当于黑市上12块美元！胡适安慰赵元任夫妇说，自己当校长，房子和汽车都是北大供着，此外还有商务印书馆的版税，自己又戒掉了纸烟，因此比一般的教授"阔"多了。总之，现在还饿不死，还能吃得饱。胡适在信中还告诉赵元任夫妇，自己有时候一天有七八个小时用在《水经注》上。胡适曾多次提及歌德遇到国家大患难，就潜心研究一种离时局最远的学问的故事。他的《水经注》研究或许也有这种意味。

---

[1]《胡适日记全集》（第8卷），台湾联经出版事业公司2005年版，第355页。

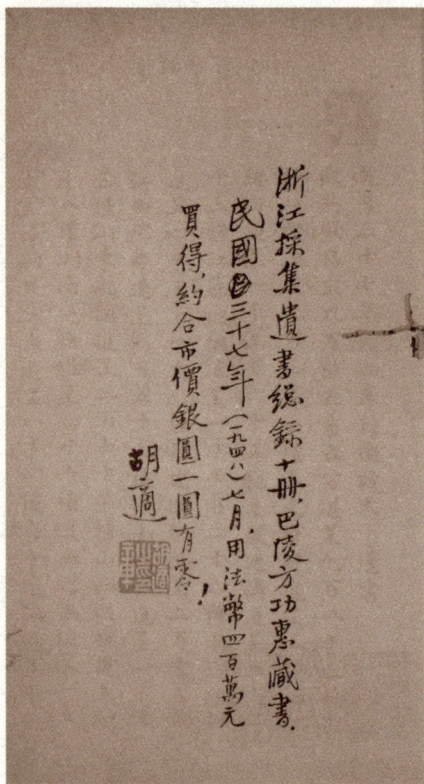

1948年胡适购《浙江采进遗书总录》。

8月12日，胡适作《自由主义是什么？》一文，指出自由主义最浅显的意思是强调尊重自由，它在近两百年的历史上有特殊的政治意义，就是容忍反对党，保障少数人的自由权利。

9月23日，胡适出席中央研究院院士会议。10月初，胡适应周鲠生之邀到武汉大学住了三天，演讲十次，讲到最后喉咙都哑了。虽然很辛苦，但胡适自己却很高兴，也很满意。10月13日，胡适离开南京，先后到上海、杭州等地，在杭州时到浙江大学访问竺可桢校长，并在浙大演讲《自由的来源》。10月20日胡适回到上海。此次南行，胡适在南京见到了六种《水经注》，在上海审定了合众图书馆所藏"重校本"确为全祖望的校本。

10月22日，胡适飞回北平。他在日记中说："此次出外三十六日，真有沧桑之感。局势一坏至此！"[1]胡适回北平不久，就为教师罢教、学生罢课、职员罢工的事情奔波忙碌。在这个风雨飘摇的时局之下，胡适既要保护罢教罢课的师生，又要维

---

[1]《胡适日记全集》（第8卷），台湾联经出版事业公司2005年版，第367页。

1948年胡适与出席中央研究院第一次院士会议的院士合影。

持北大乃至整个北平教育界的大局，非常为难，有时候甚至觉得这个校长"实在不要再做了"。

10月28日，蒋介石请胡适吃晚饭，此时辽沈战役已经接近尾声，国民党军队在东北败局已定。胡适很直率地谈了对当时局势的看法，大意是现在局势很艰难，因此必须建立一个真正可靠的参谋部，而不能仅靠蒋介石独裁；必须承认错误，必须虚心，只有这样才能争取美国的援助；黄埔嫡系军人失败在没有根底，国民党军队纪律败坏；必须信赖傅作义，北方的重要性不可忽视;"经济财政改革"案有大的错误,不可不早早救正。

　　辽沈战役之后,人民解放军首次在人数上超过了国民党军队。国统区货物奇缺,物价飞涨,人心惶惶,各地学潮不断,北平学生再度罢课,北大又有穷困学生排队请愿。在此艰难条件之下,胡适还是努力支撑着残局,积极筹备北大的50周年校庆。据《北京大学五十周年纪念特刊》记载,当时北大为纪念建校50周年准备举办的活动很多,包括各种展览、开放实验室、学术演讲、出版纪念论文集等。其中展览包括文科研究所展览、博物馆展览、敦煌展览、校史及已故教师遗著展览、图书展览、法科研究所展览、各院展览等;学术演讲主讲人有段学复、周培源、张青联、袁翰青、陈桢、裴文中、陈垣、陈寅恪、冯友兰、燕卜荪、钱端升、陈达等校内外著名学者。在校史展览的第三部分,展出了一些与胡适有关的资料,包括胡适的日记、《尝试集》初稿、初期白话诗稿印本、钱玄同书"胡适之寿酒米粮库"、胡适自美国致北大同人信札、胡适近照等。图书展览一项,除了展出北大图书馆藏善本500种外,还举办有胡适收藏和借阅各地图书馆的《水经注》的各种版本40种,这些版本"实集《水经注》刻本钞本校本之大成,其中傅增湘先生藏宋本,北大图书馆与涵芬楼藏《永乐大典》本八册,与赵一清全祖望之稿本,最为稀世之珍"。[1]而收藏在书房中的《水经注》版本占据了胡适的三个大书橱。此外,北大学生自治会将组织球类比赛、棋类比赛、自行车比赛、拔河比赛、话剧演出、"话家常"晚会等。整个50周年的庆祝活动可谓丰富多彩。胡适在《北京大学五十周年纪念特刊》上所作的《北京大学五十周年》一文中说:"北京大学今年整五十岁了,在世界的大学之中,这个五十岁的大学只能算一个小孩子。""这个小

---

[1]引自《北京大学五十周年纪念特刊》。

弟弟年纪虽不大，着实有点志气！他在这区区五十年之中，已经过了许多次的大灾难，吃过了不少的苦头。"胡适历数了北大经历的艰难困苦，特别回忆了蒋梦麟任校长期间，北大"国难六年中继续苦干"的往事。胡适最后说："现在我们又在很危险很艰苦的环境里给北大做五十岁生日，我用很沉重的心情叙述他多灾多难的历史，祝福他长寿康强，祝他能安全地渡过眼前的危难正如同他渡过五十年中许多次危难一样！"[1]

11月29日，平津战役正式打响，解放军离北平越来越近了。12月4日，北大行政领导宴请钱端升，胡适在席间说，北大办完50周年校庆之后，自己想到南京去做点有用的事情，不想再做校长了，也不做《哲学史》或《水经注》了。至于做什么，自己也不知道。

当时北大还讨论过是否迁校的问题，胡适坚决反对迁校，说北京大学之所以为北京大学，是因为在北平，如果离开了北平，还能叫北京大学吗？胡适还说：我做的是北京大学校长，如果离开了北平，还能叫做北京大学校长吗？然而，时局变化之快，让胡适多少有些出乎意料，没想到自己作为北大校长竟然来不及在北平庆祝北大50周年校庆和自己的58周岁生日，也没想到原计划16日下午五时通过北大工学院实验电台发表《校庆前夕的感想》的演讲也来不及讲了。12月14日，胡适先后接到陈雪屏的电话、电报，要他与夫人乘飞机离开北平。当天因为道路被阻，胡适与陈寅恪等无法到达机场。14日晚上，胡适匆忙整理了父亲的遗稿、年谱和自己的著作稿件，并清点开具了应该归还的所借公私所藏《水经注》版本的清单。15日，傅作义亲自给胡适打电话，说蒋介石打来电话，派飞机早上八点来北平接胡适等人南下。但直到下午三点多，胡适等人才到达南苑机场，并于当晚六点半飞抵南京。胡适留下小儿子胡思杜在北平照看自己在东

---

[1]引自《北京大学五十周年纪念特刊》。

厂胡同一号住所五大间书房的藏书，自己带走的只有《甲戌本脂砚斋重评石头记》和几部正在校勘的《水经注》。临行前胡适匆匆给汤用彤、郑天挺等北大负责人留下便条："今早及今午连接政府几个电报要我即南去，我就毫无准备地走了。只好拜你们几位同事维持。我虽在远，决不忘掉北大。"就在这一天，解放军从北面、西南、东北、东南方向包围了北平。17日，北大校庆和胡适生日那天，胡适借以逃离的南苑机场也被解放军占领。同日，胡适在南京北大校友会举办的庆祝50周年校庆的大会上讲话，他说："我绝对没有梦想到今天会在这里和诸位见面，我是一个弃职的逃兵，实在没有面子再在这里说话。"胡适说自己"不能与多灾多难之学校同度艰危"，唯有希望北大能够顺利渡过这一难关，谈到动情处，不禁声泪俱下。

胡适离开北平前夕，全家在东厂胡同一号住所前院合影。

1948年12月31日，新年在即，胡适与傅斯年预感到国民党的败局已经无法挽回，不由背诵起陶渊明的《拟古》诗第九首来：

种桑长江边，三年望当采。

枝条始欲茂，忽值山河改。

柯叶自摧折，根株浮沧海。

本不植高原，今日复何悔！

第二天，即1949年元旦，胡适在日记中写道："南京作'逃兵'，作难民，已十七日了！"[1] 1月8日，蒋介石劝胡适再去美国，他说："我不要你做大使，也不要你负什么使命。例如争取美援，不要你去做。我只要你出去看看。"

1月15日，胡适到上海。21日，胡适送江冬秀乘船去台湾。就在当天，蒋介石宣布"引退"，由副总统李宗仁代行总统职务。

胡适1948年底书陶渊明《拟古》诗墨迹。

[1]《胡适日记全集》（第8卷），台湾联经出版事业公司2005年版，第375页。

1月24日，胡适给吴忠信写信，辞去总统府资政之聘。胡适说，自己现在还是北京大学校长，因时局关系，此时还不能辞职。

1月25日，胡适乘车到上海，暂住霞飞路1946号，其间曾整理上海合众图书馆藏叶揆初藏三种《水经注》抄本。3月下旬，胡适到台湾，在中山堂演讲《中国文化里的自由传统》。

4月6日，胡适自上海乘坐克利夫兰总统号赴美，这是他第六次出国。

九　美国度日惶惶

1957年中基会第二十八次年会合影。

1949年4月21日，胡适乘船抵达旧金山。还没进港口，就有新闻记者登船采访胡适。胡适在船上有十多天没看报纸了，接过报纸首先看到的是国共和谈破裂，人民解放军已经渡江的消息。要回答记者的提问，胡适感到很困难。

4月27日，胡适到达纽约，住入自己当年卸任驻美大使后租住的房子——纽约东81街104号。到美国之初，当美国朋友询问其对国内时局的态度时，胡适表示："不管局势如何艰难，我始终是坚定的用道义支持蒋总统的。"[1] 在此，胡适明确表示了自己拥蒋反共的政治立场。所谓"道义支持"，此时对胡适来说主要是写些文章宣传"自由与民主"，攻击共产党的"集权政治"，替蒋介石的国民党政府的"自由民主"建设出谋划策。早在此次赴美途中的船上，胡适就曾为筹办《自由中国》杂志写了《〈自由中国〉的宗旨》一文。胡适说，在共产党的"铁幕"之下，新闻言论以及其他基本自由都无法存在。《自由中国》的发起就是不能坐视这种可怕的"铁幕"普遍到全中国。胡适在文中指出，《自由中国》的宗旨，就是要宣传自由与民主的真实价值，敦促国民党政府改革政治经济，努力建立自由民主的社会；

---

[1] 胡颂平编著：《胡适之先生年谱长编初稿》（第6卷），台湾联经出版事业公司1984年版，第2092~2093页。

支持国民党政府抵抗共产党的"集权"政治；最终目标是要使整个中华民国成为自由的中国。当年11月，《自由中国》在台北创刊，胡适被推举为发行人。

胡适此次赴美，蒋介石虽然没有明确的指令，但还是对胡适有所期待的。胡适到美国后，蒋介石曾致信胡适，明确表示："此时其缺乏而急需于美者，不在物质而在于精神与道义之声援。故现时对美外交之重点，应特别注意于其不承认中共政权为第一要务，至于实际援助则尚在其次也。"[1] 可以说，这正是蒋介石派胡适到美国的真正目的所在。6月21日，胡适给刚出任迁往广州的国民政府的"行政院长"阎锡山发电报，坚辞外交部部长之职。胡适在电报中说："适在此为国家辩冤白谤，私人地位实更有力量。"[2] 由此电报也可看出当时胡适的主要任务。

胡适到美国的最初一段日子，频频与美国的朋友和各界人士会谈，并作了一些演讲。但由于国民党的连连失利，美国国内政要对胡适等人的倨傲态度可想而知。到美之后的尴尬处境使胡适精神上的压力很大，几次感觉心脏不适。7月16日，胡适通知驻美使馆，不再会见任何美国政府或国会的领袖。胡适自己后来解释说："因为大家成见太深，使我处处碰壁，也因为局势太大，不是私人间的谈话所能转移的。在这个时候，只有替国家保留一些尊严，替国家保留一些人格。"[3]

胡适到美国后，必然要考虑去留问题。赵元任等人曾想帮助胡适在加州大学谋一个教职，但没有成功，胡适自己也不相信加州大学有添设中国学者的必要。当时胡适在美国的处境确实有些尴尬。

---

[1] 转引自何灼恩：《思想与角色：胡适在〈自由中国〉的言论解读》，《安徽史学》2009年第5期，第70页。

[2]《胡适日记全集》（第8卷），台湾联经出版事业公司2005年版，第417页。

[3] 转引自胡颂平编著：《胡适之先生年谱长编初稿》（第6卷），台湾联经出版事业公司1984年版，第2097页。

　　胡适此次赴美，除与各界应酬交往之外，仍然继续《水经注》的研究，并写了一些考证文字。9月5日，胡适在"百忧交迫"的情况下，决定休息三天，于是作《象棋小考》。10月29日，有"与杨联陞兄讨论象棋书"，此后与杨联陞时有书信往来，讨论学术问题，类似上次在美期间与王重民的书信往来。12月9日，胡适到美国国会图书馆看赵一清朱墨校本《水经注》的缩微胶卷。想到此时在北京的王重民，胡适不禁感叹不能跟他一起阅读探讨了。时间的流逝和时局的变化，让他感到很无奈。

　　12月7日，国民党政府决定迁往台北。

　　12月17日，胡适在纽约过了自己的58周岁生日，18位朋友给他祝寿，赵

1952年4月摄于普林斯顿大学。

元任夫妇、远在曼谷的江冬秀和祖望夫妇等也打来电报祝贺，亲友的祝福让胡适颇感欣慰。

1950年3月初，胡适出席在华盛顿召开的中基会董事会会议，并被推举为干事长。

胡适此次在美国，所遇的"书荒"问题较上次更为严重。4月，他用朋友赠送的200美金托商务印书馆香港分馆的负责人李孤帆代买的《四部丛刊》缩印本运到，胡适非常高兴，在日记中说："海外得此四百四十册书，真如见老朋友！"[1]后来赵元任夫妇又寄赠胡适一套《哈佛经典丛书》，胡适在海外的藏书又慢慢积累起来。

5月13日，普林斯顿大学宣布，胡适将于本年7月1日出任该校葛思德东方图书馆馆长，任期两年。以胡适在国际上的学术影响，担任这个职务多少有些"屈尊"。胡适之所以接受这个职务，除了便于自己查阅中文书籍外，经济上的拮据也是一个原因。胡适就任葛思德东方图书馆馆长后，开始清点该馆所藏中文善本，任职期间最主要的贡献是为10万册馆藏建立了新的分类系统，方便了读者利用。

6月1日，江冬秀乘飞机到达旧金山，9日到纽约与胡适相聚。

9月下旬，胡适在美国的中文报纸上陆续看到留在大陆的儿子胡思杜在《大公报》上发表《我的思想总结》批判自己的报道，胡适认为此文是"奉令发表的"。他在接受记者采访时说："大家都很清楚，在共产主义国家里是没有言论自由的……但很少有人认识到，那里也没有沉默的自由。共产主义国家的公民必须对信仰和效忠做出积极的声明。"

12月17日，胡适迎来59周岁生日，而在前一天恰好是江冬秀的农历生日，不少朋友赶来祝贺，十分热闹。

---

[1]《胡适日记全集》（第8卷），台湾联经出版事业公司2005年版，第486页。

20世纪50年代，胡适夫妇摄于纽约寓所内。

　　12月20日，胡适接到一个不幸的消息，好友傅斯年去世了，年仅55岁。胡适既悲痛又惋惜，在日记中说："这是中国最大的一个损失！孟真天才最高，能做学问，又能治事，能组织。……他对我始终最忠实，最爱护。他的中国学问根柢比我高深的多多，但他写信给我，总自称'学生斯年'，二十年如一日。我们做学问，功力不同，而见解往往相接近。"[1]次日，胡适给傅斯年的夫人俞大彩发电报表示哀悼，说傅斯年的死，使中国失去

　　[1]《胡适日记全集》（第8卷），台湾联经出版事业公司2005年版，第547页。

胡适题赠傅斯年的照片。

了最天才的爱国者，自己则失去了最好的朋友和诤友。

所谓祸不单行，12月24日，胡适的朋友王文伯又在旅馆的房间里被烧伤，搞得胡适新年都过得不愉快。

12月26日，国民党"行政院长"陈诚致电胡适，说傅斯年去世之后，台大师生都希望胡适回台湾任台大校长，自己和蒋介石也希望如此。胡适托人带信给陈诚，推辞不就，认为台大应该由一位年富力强的人继任，并郑重推荐了傅斯年在信中经常赞赏的钱思亮。

是年，胡适接受美国克莱蒙特研究院文学荣誉博士学位。

1951年年初，胡适在美国大学、学会等处演讲多次，宣讲自己的"不朽论"等。

4月19日，胡适到费城参加美国哲学学会春季大会，并在会上演说《如何解读近十年中美关系的恶化》。

胡适虽然身在美国，但对台湾的政治动向仍然很关心。5月31日，他写了一封长信给蒋介石，劝他多读中共出版的书籍，还劝蒋介石把国民党自由分化成几个新政党，认为这其中最重要的是蒋介石辞去国民党总裁。第二年9月14日，胡适再度写长信给蒋介石，建议利用10月10日即将召开的国民党大会的难得机会，推动多党制，废止总裁制，支持国民党自由分化；建议国民党应表示诚心培植言论自由，容忍对一切具体政策的批评。

8月，为抗议国民党当局压制言论自由，胡适为《自由中国》写了《致本社的一封信》，刊于9月出版的第五卷第五期，信中说："《自由中国》不能有言论自由，不能用负责态度批评实际政治，这是台湾政治的最大耻辱。"因此要求辞去"发行人"名义。胡适还对《自由中国》早先发表的《政府不可诱民入罪》的社评表示支持，对"军事机关"干涉言论自由表示抗议。此期《自由中国》很快遭到台湾当局的封禁。

是年，胡适还为台湾大学与美国著名大学的合作积极奔走。6月14日，

1951年6月14日，胡适拜访艾森豪威尔。

胡适陪同刘瑞恒拜访哥伦比亚大学校长,商谈台湾大学医学院与哥伦比亚大学医学院的合作事宜。7月,胡适亲自到母校康奈尔大学,访问农学院院长,洽谈与台湾大学农学院合作的可能性。

是年秋,北京、天津高校教师开始思想改造运动,其中批判胡适思想成为运动的一个重要内容,当年胡适的朋友、同事、属下纷纷撰文或发言,检讨自己的思想,批判胡适这个"思想上的敌人"。12月,胡适在报纸上看到了新中国开展批判自己运动的报道。12月17日,胡适60周岁生日,他把朋友从香港寄来的关于北京11月开始批判自己运动的剪报贴在日记中,作为"纪念"。当日胡适从普林斯顿大学坐火车返回纽约寓所的途中,大雪纷飞,天气很冷,胡适一个人在车厢中沉思,想到自己已经61岁(虚岁)了,心脏不好,随身带着药瓶,甚至人寿保险公司都拒绝给自己保险,生命随时都有可能结束,因此立下决心,在有生之年还清所欠的"债务"。胡适将此决定戏称为"生日决议案"。这个"决议案"包括两方面内容:谢绝一切长期职务,完成《中国哲学史》、《中国白话文学史》下卷的写作,前者更名为《中国思想史》,结束《水经注》的考证;学术之外,如果国家有需要,则尽己所能,但不一定要担任什么职务。令人遗憾的是,由于种种原因,胡适的这个"生日决议案"没有得到完全的实行,胡适所欠的学术"债务"最后也没有"偿还"。

1952年元旦,胡适在日记中总结了自己过去一年的成绩,认为"实在太坏",长文写了三篇,短文也不多,自己很惭愧。

2月1日,胡适作《中国印书的一千一百年》一文,作为他筹划的普林斯顿大学葛斯德东方图书馆中国古代图书展览的序言。

2月,胡适被联合国教科文组织聘任为世界人类科学文化编辑委员会委员。

6月1日,胡适接到电话,知道自己的导师杜威先生去世了。胡适在日记

1951年胡适在美国。

中说："杜威先生的思想，影响了我一生。"[1] 6月4日，胡适出席追悼会，5日在给赵元任夫妇的信中说，回想杜威、罗素当年在北平讲学，"真如同隔世"。

6月，胡适在普林斯顿大学葛思德东方图书馆馆长聘约期满，改任该馆荣誉主持人。

7月21日，胡适给"中央研究院"朱家骅、董作宾去信，讨论争取洛氏基金计划的事情。胡适为争取洛氏基金建筑"中央研究院"历史语言研究所平房仓库作出了不小的贡献。

---

[1]《胡适日记全集》（第8卷），台湾联经出版事业公司2005年版，第788页。

1952年8月胡适与江冬秀摄于纽约寓所前。

　　对于此时的胡适来说，最快乐的事情还是读书作文。8月19日，他写成英文《中国禅宗的历史和方法》一文。此后读了两篇小说，胡适说自己多年没有工夫看长篇小说了。此次休息，读小说两本，可说是很快乐的事。9月29日，胡适到国会图书馆查阅校勘几种《水经注》及相关文献，从上午九点半到下午四点，自己觉得很有趣。

　　11月16日，胡适搭乘美国西北航空公司飞机赴台，19日到达台北。胡适的此次台湾之行是应台湾大学和台湾师范大学的邀请，作学术演讲。胡适抵达时，约五六百人到机场迎接，盛况空前，胡适很受感动。

　　胡适此次到台湾，应酬很多。12月1日，他在台湾大学开始讲"治学方法"，主旨是他从前提倡的"大胆的假设，小心的求证"，并以自己的《红楼梦》和《醒世姻缘传》两篇考证为例。此后胡适又在台湾大学讲"方法的自觉"、"方法与材料"。12月3日,胡适在台湾师范大学讲"杜威哲学"第一讲,讲杜威的历史和他在教育方面的影响,此后又讲了一次。

12月10日晨,胡适为《傅孟真先生集》作《傅孟真先生遗著序》,作完之后,胡适想到自己的将来,忍不住笑着对自己说:"我的全集的编辑重印,大概也得等到我死后了。"

12月19日,胡适在台湾大学文学院讲"《水经注》考",对自己多年来的《水经注》考证作了大致的总结。当天下午,胡适出席台北市中等以上学校校长座谈会,回答了问题。胡适说自己三十年前就提倡选课制,让学

1952年11月19日,胡适在松山机场与前来迎接的中国公学校友合影。

生减少必修课，增加选修课，调动学生自主探索的精神，培养他们的兴趣。他主张："要注重训练学生本能天才的发展，使他的知识能力有创造性，能应付新的问题，新的环境。""一切教育都应该如此，决不能为某种环境、某种家庭去设想。"[1]

在台湾期间，胡适还忙里偷闲寻访了儿时的故居。12月26日，胡适到台南，到郑成功祠献花，并到永福国民学校凭吊幼时故居遗迹，在小屋前留影，亲手种植了一棵榕树，题写了"维桑与梓，必恭敬止"。

12月27日，胡适到台东，在公共体育场演讲《中学生的修养与择业》。胡适在演讲中指出，中学生的修养应注意两点：工具（语言文字、科学基础知识）的求得；良好习惯的养成。中学生择业上有两个标准，一种是社会的标准，即社会所需要的，时髦的；一种是个人的标准，即个人的兴趣、性情，适合做什么。两者之中当然是个人的标准更重要。胡适在台东还凭吊了自己儿时故居遗址，见到了父亲当年的官服。胡适还捐了7200元作为台东籍大专学生的奖学金。

1953年1月17日下午，胡适结束在台湾60天的演讲访问，由台北乘飞机经日本返美。1月25日，胡适回到纽约。

从台湾回到美国后，胡适继续在纽约租住的小寓所中读书研究。此外，他还积极争取福特基金会的经费支持，用于翻拍制作台湾各地善本的缩微胶卷。

7月4日，胡适作《胡适文存四部合印本自序》，文中说去年到台湾，才知道自己的书在台湾和香港都无法买到了。而且大陆现正在清算胡适思想。胡适认为应该让人们知道到底什么是"胡适思想"，因此愿意重印自

<hr>

[1]《台北市中等以上学校校长座谈会上问答》，收入《胡适言论集》乙编，转引自胡颂平编著：《胡适之先生年谱长编初稿》（第6卷），台湾联经出版事业公司1984年版，第2280页。

己的四部《胡适文存》。

9月9日，胡适突然想起1910年的此日，自己与70名中国留学生在旧金山登岸，正好赶上加利福尼亚州加入美国联邦50周年的纪念。倏忽之间，至今已经43年了，不能不感叹时间流逝如流水。

1954年2月28日，胡适再次飞抵台湾，参加台湾"国民大会"。此次在台北，胡适除了参加"国大"，还参加了《自由中国》的茶会和编委会，出席各种宴请，应邀发表演讲，会见一些老朋友，每天日程都安排得很满，甚至对一些邀请都不得不辞谢。3月25日，"国民大会"闭幕。在台期间，胡适曾参与台大、清华大学合作计划的讨论。3月27日，胡适还出席了"教育部"动员月会，他对台湾教育的量和质的普遍进步表示了赞扬，希望在教育方面多做大胆的实验工作，以求制度与方法的改善与进步。对于今后的留学政策，胡适希望放宽尺度，使青年学生有较多的出国升学的机会。是日下午，胡适还参加了"中国语文会"茶会。对于文字改革问题，胡适认为语文是最保守的东西，因此改进是不能一蹴而就的。对于简体字的推行，胡适表示拥护。

1953年胡适、江冬秀、韦莲司合影。

4月5日，在台北住了46天半之后，胡适乘飞机返美。

4月13日，胡适参加母校哥伦比亚大学200周年纪念会，提交了《中国思想史上的怀疑精神》和《老子其人其书的时代考证》两篇论文，并在纪念典礼上发表了《古代亚洲的权威与自由的冲突》演讲。

6月13日，胡适应邀参加耶鲁大学举行的容闳毕业一百周年纪念会，并作《容闳毕业一百年后》的演讲。

7月16日，胡适被蒋介石聘为"光复大陆设计委员会"副主任委员。

是年10月，大陆由批判俞平伯的《红楼梦》研究发展到批判胡适的唯心主义思想。到12月，批判胡适的思想运动进入高潮。

1955年初，胡适在美国各地作了几个演讲。1月31日，胡适到柯柏联盟学院演讲《中国哲学》，听者有八九百人。2月11日，胡适为纽约各校中国学生会联合会演讲《中国思想》，虽然当时下着大雪，仍有一百四五十人出席。2月24日，胡适在匹兹堡为外交政策协会演讲。3月11日，胡适在斯威特布莱尔学院演讲了《"自由中国"的重要性》。

3月19日，胡适受"中央研究院"院长朱家骅的委托，召集李书华、陈省身、赵元任等11位"中央研究院"在北美洲的院士在纽约开会，会中谈到新设立的近代史所的事情，胡适为此写信给朱家骅，希望近代史所能得到史语所的支持与合作。

胡适此时仍然关注《水经注》。7月4日，胡适想起自己留在北京的三大橱《水经注》，便写信给王重民，有托他将其中三种寄给自己的想法，后来也以无结果告终。

1956年2月，胡适又连续作了几次演讲。9日，胡适在芝加哥亨利·乔治社会科学院演讲《中国自由的教训》，当天又到威斯康辛大学演讲《共产主义中国的知识分子处境》。2月11日，胡适赴芝加哥华侨理事会春节宴会，并作了演讲。12日，胡适抽空到芝加哥大学，借阅赵一清的《水经

1956年4月胡适没戴眼镜，神似母亲的照片。

注释》。

3月7日，胡适托蒋廷黻把自己的《丁文江的传记》稿本带回台湾，交"中央研究院"付印。胡适写此稿用了三个月，共计十万多字，是为纪念丁文江去世二十周年而作，也可算作胡适此次居留美国期间的重要文字之一了。

7月21日，胡适应邀到怀俄明大学作了五次演讲。主要演讲内容是民国以来的中国政治史。7月30日，胡适又到佛蒙特演讲《中国思想中的人道主义传统》。

7月31日，胡适到麻省剑桥，逗留了一天，见到了杨联陞、裘开明、何炳棣、周策纵、洪业等新老学人，畅谈一番，并于第二天下午回到纽约。

胡适在加州大学柏克利分校留影（1956~1957年讲学期间）。

8月31日，胡适再度启程到密尔沃基。9月1日，胡适为中西部中国留学生演讲《博爱》。9月3日，胡适到芝加哥，参加当地知识分子聚餐，演讲《四十年来的中国文艺复兴运动》。9月4日，胡适到旧金山，开始在加州大学伯克利分校的为期四个月的讲学。

12月13日，胡适乘飞机回纽约过生日。当月，"中央研究院"历史语言研究所出版《胡适先生六十五岁论文集》，为他祝寿。

1957年的元旦，胡适是在加州大学伯克利分校度过的。

1月7日，胡适在洛杉矶世界事务理事会发表了题为《"自由中国"对世界的重要性》的演讲，自认为"演说更切合眼前形势，所以更能引起听众五百人的注意"。1月8日，胡适在克莱蒙特学院演讲《中共为中国的文艺

1957年，胡适摄于纽约寓所。

复兴做了什么》

1月10日，胡适结束在加州大学的最后一课。

1月30日，中国旧历除夕，胡适回到纽约，感到身体不适，后来诊断为胃溃疡，手术后在医院住了22天。3月11日出院。8月14日，胡适忽然发烧，第二天在大夫的建议下住院检查，直到8月21日出院仍未痊愈，之后有一段时间时有发烧症状。

1957年前后，胡适应哥伦比亚大学中国口述历史学部邀请，用英文作了口述自传，后由记录人唐德刚整理译注为《胡适口述自传》。

11月4日，胡适被任命为"中央研究院"院长，接替辞去职务的朱家骅。胡适以身体不适恳辞，但蒋介石仍然坚持。12月6日，胡适电复蒋介石，说自己近来身体不适，医生建议不宜远行，因此请史语所李济暂为代理院务。

12月30日是胡适与江冬秀结婚40周年纪念。胡适仍然记得当时自己作的对联，除"三十夜大月亮"一副外，尚有"谢他好月照好日，讨个新人过新年"。

1958年3月26日，胡适在日记中提起11年前自己发表的《争取学术独立的十年计划》，并概述了主要观点，表明他在考虑回台北就任"中央研究院"院长之后，推动学术发展的计划。

4月2日，胡适自纽约启程，经旧金山，于4月8日飞抵台北。

十　南港最后岁月

1958年5月7日胡适参观台湾故宫博物院台中雾峰陈列室。

　　1958年4月8日，胡适飞抵台北，台湾政界和教育界代表以及胡适长子祖望夫妇等共五百多人到机场迎接。胡适在机场接受记者采访时说，"中央研究院"是最高学术机关，应该迅速担负起推动学术研究的任务。

　　4月10日上午，"中央研究院"在考古馆为胡适举行了就职典礼。胡适在典礼上回顾了"中央研究院"30年的历史，指出它是自己的老朋友费尽心血造成的，自己与"中央研究院"也有密切的关系，希望在大家的帮助下，尽自己的力量使"中央研究院"的工作有成就。典礼结束之后，"中央研究院"第三次院士会议开幕，胡适致开幕词，然后请蒋介石讲话。蒋介石在讲话中有"中央研究院""不但为全国高等学术之最高研究机构，而且应担负起复兴民族文化之艰巨任务"等语，并希望台湾的教育文化学术界人士"一致负起恢复并发扬我国固有文化与道德之责任"。胡适在随后的发言中委婉地对蒋介石关于"中央研究院"的任务的讲话进行了反驳，他认为，所谓忠信孝悌礼义廉耻，不是中国文化所独有的，学术界和"中央研究院"的任务，还是在学术上。

　　4月11日，"中央研究院"院士会议选举出14名院士，包括林家翘、吴健雄、杨振宁、李政道、蒋廷黻、姚从吾等。

　　胡适到台湾后不久，即应邀在多处发表演说。

1958年"中研院"第一、第二届新老院士合影。

4月18日，胡适在演说中提出争取学术独立的主张，呼吁集中力量建立独立的学术研究环境，充实大学的研究所，以挽救人才"出超"的危机。胡适在演讲之后对记者表示："学术是国家无形的财富，也是无尽的财富。"

5月7日，胡适在东海大学发表演讲，认为私立大学的优点在于比较自由，限制相对较少，所以希望东海大学把握自由独立的传统，因为只有在自由独立的原则下，才能有高价值的创造。

6月5日，胡适在台湾大学法学院作《大学的生活——怎样选择科系》的演讲。胡适讲述了自己当年在康奈尔大学由农科改学文科的经历，并指出，现在的青年太倾向于现实，不凭性之所近、力之所能去选择专业，这是国家的损失，也是他们自己的损失。胡适告诫学生们，对初填的志愿，不要当做最后的决定，只当做暂时的方向，要在大学一二年级，经过自己的多方摸索，确定自己的方向。胡适再次强调，社会上需要什么，不要去管它,只要跟着自己的兴趣走。

胡适此前几次到台湾,发现很少有人在学术上作长期的计划,导致优秀青年大量到海外留学,而且很少回台。胡适想起自己11年前提出的《争取学术独立的十年计划》,认为当年的计划梦想,应该设法去实现。因此此次回台湾之前,胡适请吴大猷草拟了一个发展台湾科学、培植人才的计划,带回台湾与朋友们讨论,并与"副总统"陈诚商谈。5月,胡适拟订《国家发展科学培植人才的五年计划的纲领草案》,并于5月底送交台湾"政府领导人"。

6月16日,胡适再度赴美,此行主要目的是诊治心脏病,并主持中华文化教育基金董事会年会。

11月5日,胡适返回台北,当日即住入在南港的"中央研究院"新建的住所,房子不大,有书房一间,客厅、餐厅各一间,客房一间,卧室两间。自此直到去世,胡适除了生病住院和出院暂住市内,其他大部分时间都住在此处。其中书房朝北的窗户是格子窗,采光不好,胡适有时候对客人开玩笑说:"这书房是我的监狱。"胡适后来评价说:"我觉得南港那个地方很好,……用不着开窗,就可以看到一年四季常青的山,除了白天有几位朋友来看我外,晚上很静,可以写点东西。在起初十七天中,居然写了两万字关于佛教禅宗的文字。"[1]胡适在此住所接待客人甚多,除了老朋友和同事之外,还有很多仰慕者,胡适不拘身份,都予以接待。其中与芝麻饼小贩袁瓞交往的故事成为一段佳话。袁瓞1949年到台湾,后靠卖芝麻饼为生,业余时间坚持读书,喜欢探讨世界各国的政治制度。1959年10月23日,他给胡适写信,请教英美政治制度的异同优劣的问题。胡适大受

[1]转引自胡颂平编著:《胡适之先生年谱长编初稿》(第7卷),台湾联经出版事业公司1984年版,第2779页。

胡适"中央研究院"住所的书房。

感动，在回信中对袁瓞很诚恳地表示感谢，并说："我们这个'国家'里，有一个卖饼的，每天背着铅皮桶在街上叫卖芝麻饼，风雨无阻，烈日更不放在心上，但他还肯忙里偷闲，关心国家的大计，关心英、美政治制度，盼望'国家'能走上长治久安之路，——单只这一件奇事已够使我乐观，使我高兴了。"[1]胡适后来又给袁瓞写信，请他到南港聊聊天。10月31日上午，袁瓞终于见到了仰慕已久的胡适大师，两个人畅谈了两个小时，谈了世界上的大小事件，还谈到杜威哲学。

胡适主持"中央研究院"的理念仍然是无为而治，具体事情由各所所长主持，另有总干事长负责重要事情的处理。

胡适在南港定居之后，慕名来信、来访者甚多，胡祖望曾建议胡适恢复在北平时候的办法，每个星期天早上九点到十二点为会客时间，也就是

[1] 王仲康：《胡适与芝麻饼小贩袁瓞的故事》，欧阳哲生选编：《追忆胡适》，社会科学文献出版社2000年版，第529～530页。

胡适任"中央研究院"院长期间与秘书胡颂平合影。

1959年台湾师范大学华侨师资专修科同学拜访胡适后合影。

江冬秀所说的"做礼拜"。但胡适说:"人家远道来看我,有的坐火车,有的坐公共汽车,到了南港还要坐三轮车或步行到'中研院'来看我,怎么好不见呢?"

12月17日是胡适68岁的生日,他在北大校友举行的校庆会和为他祝寿的会上发表演说,回顾了蔡元培、蒋梦麟对北大的贡献,以及北大在西南

1960年10月27日,胡适主持"中研院"学人宿舍落成典礼。

联大时期取得的成就。胡适指出，1916年蔡元培任北大校长，最重要的贡献是树立了六项北大精神：高尚纯洁的精神；兼容并包的精神；合作互助的精神；发扬蹈厉的精神；独立自由的精神；实事求是的精神。

胡适主持"中央研究院"后，积极筹措经费，加上"国家长期发展科学委员会"确定的各项补助办法，"中央研究院"经费较以前有显著增加，兴建了数理馆、生物馆、傅斯年图书馆、民族学研究所办公楼、学人住宅等建筑。此外，胡适还向美国亚洲协会争取到一笔捐赠，用于建筑一栋公寓式宿舍，即后来的蔡元培馆。

1959年1月8日，胡适提出的"国家长期发展科学计划纲领"由"行政院"院务会议通过。1月30日夜，胡适拟好了"国家长期科学计划委员会章程草案"。

2月1日，胡适主持"中央研究院"评议会与教育部联席会议，组成了"国家长期发展科学委员会"。在第一次成立会上，胡适被推选为主席，"教育部"部长梅贻琦任副主席，杨树人为执行秘书。"国家长期发展科学计划纲领"的主要内容包括充实大学及研究单位发展科学专款、设立"国立研究讲座教授"、邀请海外学者担任客座教授、补助各大学院校及研究所教授及研究生的研究经费、兴建学人住宅、补助出版刊物经费等。第一年总共获得的经费为2000万台币和20万美金。

胡适任"中央研究院"院长期间，除了处理院务，大部分时间都忙于"国家长期发展科学委员会"方面的事务。胡适在此期间还非常注意支持年轻人到海外留学，为他们作担保，或写信为他们代为求情。

3月11日，胡适写成《自由与容忍》一文。文中说："一切对异端的迫害，一切对'异己'的摧残，一切宗教自由的禁止，一切思想言论的被压迫，都由于这一点深信自己是不会错的心理。因为深信自己是不会错的，所以不能容忍任何和自己不同的思想信仰了。"胡适还说："因为不容忍的态度是基于'我们的信念不会错'的心理习惯，所以'容忍异己'是最难得、最不容易养成的雅量。"[1]

3月15日，胡适忽然想起第二天是长子祖望40岁生日，他在日记中感慨："光阴过得真快！我的《哲学史》上卷出版在祖望出生之前一个多月，

1959年11月，"自由中国社"成立十周年纪念会上胡适与雷震合影。

---

[1]转引自胡颂平编著：《胡适之先生年谱长编初稿》（第8卷），台湾联经出版事业公司1984年版，第2856~2857页。

胡适与长孙胡复合影。

今天我想到这事,不胜感叹老之将至!"[1]除了感慨时间的流逝,胡适肯定又想起了《中国哲学史大纲》下卷的"债务"。

4月9日,胡适因背部粉瘤术后伤口出血,住入台大医院,直到5月2日才出院。出院时,大夫叮嘱胡适要少见客人,少说话,不要演讲,对于胡适来说,这其实是很难做到的。

6月5日,胡适把启明书局老板沈志明送的翻印的《大英百科全书》转赠给历史语言研究所图书馆,并题写了几句话:"沈志明先生和他的夫人送我这部大书,他们的原意可感。但我不赞成,并且反对这种不征求出版人的同意的翻印书,所以我把这部书转赠给历史语言研究所的图书馆,给

---

[1]《胡适日记全集》(第9卷),台湾联经出版事业公司2005年版,第411页。

大家公用。"[1]此后胡适还就台湾出版商的盗印、翻版问题公开发表意见,认为这实在是不道德,与扼杀著作人的生命无异,对此问题绝对不能忽视,并建议作家或文艺团体自行组织一个保障著作权的机构。

6月17日,胡适致信蒋梦麟,大体赞同其《留学考试与留学政策》一文的观点,并提出一些具体修正意见。胡适还认为,公费留学还是需要的。当局举行留学考试,就得给学生公费;如果是自费学生,就不必考试了。

7月1日,胡适主持"中央研究院"第四次院士会议,选举出1958年和1959年两年度院士共九人,包括袁家骝、顾毓琇、凌纯声、杨联陞等人。

7月3日,胡适与赵元任同赴由夏威夷大学主办的东西方哲学讨论会第三次会议,胡适在会上宣读了《中国哲学里的科学精神与方法》,并就前两次会议中提出的"东方从前究竟有没有科学","东方为什么科学很不发达,或者完全没有科学"这两个问题进行了探讨。

7月9日,夏威夷大学授予胡适人文学名誉博士学位。7月16日,胡适在夏威夷大学演讲《杜威在中国》。

8月1日,胡适由夏威夷到旧金山并于3日到达纽约。

9月,胡适在华盛顿积极向中基会董事介绍台湾长期发展科学计划的概况,并促成董事会年会通过了两项协助台湾学术发展的决议。

9月26日,胡适在接见《联合报》驻美特派员采访时指出,留学生学成,当然最好能回去服务,但同时也要考虑留学生的所学,不要使他回去后荒废了学业。

10月14日,胡适返回台湾。

11月7日,胡适主持"国家长期发展科学委员会"第十七次执行委员

---

[1]转引自胡颂平编著:《胡适之先生年谱长编初稿》(第8卷),台湾联经出版事业公司1984年版,第2926页。

1959年12月胡适留影。

会，决定以50万元补助纯粹学术研究性刊物。

　　"国家长期发展科学计划纲领"包括聘请海外学者到台湾任讲座教授的计划，胡适利用自己广泛的学术联系，积极促成此事。11月25日夜，他致信陈省身，希望他把明年在巴黎的讲学时间缩短两个月，用来到台湾作中基会的讲座教授。此外，胡适联系的学者还有吴大猷、李卓皓、赵元任、林家翘等人。

　　是年底，胡适对蒋介石将要"违宪"第三次任"总统"表示反对。11月15日，胡适会见张群，请其转告蒋介石几点意见，希望蒋介石能在一两个月里，做一个公开的表示，明白宣布他不要作第三任"总统"。在得知蒋介石的回话后，胡适在11月23日的日记中说：我怕这又是1948年和1954年的老法子了，他向党说话，党的中委一致反对，一致劝进，于是他

1958年12月7日，胡适应邀在台中"中华农学学会"等联合年会上演讲《基本科学研究农业》。

的责任已尽了。[1]

11月29日，胡适应邀演讲《科学精神与科学方法》。他把科学精神与科学方法归纳为14个字，就是"拿证据来"和"大胆的假设，小心的求证"。胡适在谈"拿证据来"时，举了一个例子，当时大陆有位去世不久的虚云和尚，报上说他有120多岁。胡适对《虚云和尚年谱》关于其父为官经历的记载进行了核实，发现与史志不符，由此"不敢相信"虚云和尚真的活了120多岁。胡适的演讲在报纸上发表后，引起了台湾和香港等地佛教界人士的反驳甚至攻击。作为回应，胡适详细查阅了相关地方志资料，写了《二勘虚云和尚年谱》和《三勘虚云和尚年谱》。

---

[1]《胡适日记全集》（第9卷），台湾联经出版事业公司2005年版，第487页。

1959年，胡适在南港住所餐厅校勘《水经注》。

　　此事件体现了胡适的"考据癖"和怀疑精神，也反映了他学术兴趣的广泛。然而正是由于兴趣的广泛，加上"中央研究院"和"国家长期发展科学委员会"的工作，作为学术文化名人的应酬交往之累，政治的牵涉，以及多次因病住院，使得胡适无法集中精力完成多次提醒自己的续写《中国思想史》、《中国白话文学史》的夙愿。他在1959年12月11日给张佛泉的信中说："生日快到了，回想四十五年的工作，好像被无数管制不住的努力打消了。"[1]胡适在台湾的最后岁月，所涉及的学术研究有佛教和禅宗史、《水经注》考证和资料整理、《红楼梦》考证等，主要是对早前学术观

[1] 胡颂平编著：《胡适之先生年谱长编初稿》（第9卷），台湾联经出版事业公司1984年版，第3398页

点的阐发和补充，相对于他早年的学术成就来说，可以说不够精彩。

胡适定居台湾之后在学术思想上的表现，也引起了对他这位思想学术界的领袖人物寄予厚望的支持者的担心和不满。12月27日《中央日报》刊出署名康华的《南港午夜不能成寐，有怀胡适之先生》一诗：

你静悄悄地躲在南港，
不知这几天是何模样。
莫非还在东找西翻，
为了那一个一百二十岁的和尚？

听说你最近有过去处，
又在埋头搞那《水经注》。
为何不踏上新的征途，
尽是偏僻的老路？

自然这一切却也难怪，
这是你的兴趣所在。
何况一字一字校勘出来，
其乐有甚于掘得一堆金块。

并且你也有很多的道理，
更可举出很多的事例。
总之何足惊奇，
这便是科学的方法和精神所寄。

不过这究竟是个太空时代，

人家已经射了一个司普尼克。

希望你领着我赶着前来，

在这一方面做几个大胆的假设！

我午夜枕上思前想后，

牵挂着南港的气候。

当心西伯利亚和隔海的寒流，

会向我们这边渗透！[1]

　　胡适认为此诗"很明白流畅很可读"，请人代查后才知道"康华"就是《中央日报》社长胡健中。1960年1月4日，胡适给胡健中写信，感谢赠诗厚意。但对于这首诗的期望，胡适似乎并没有作出正面回应。有类似感想的并非只胡健中一人，1961年9月初前后，有位叫周增祥的人给胡适写信，希望他"登高一呼，振奋人心"，来一次中国台湾的"文艺复兴"。胡适在9月9日的回信中说："那是很渺茫的一点梦想，我想你的失望是可以断言的了。所以我及早劝你不要存这种'奢望'。"[2]

　　随着"国民大会"的临近，胡适继续关注蒋介石连任和修改"宪法"的问题。

　　2月20日，胡适参加"国民大会"开幕典礼。胡适在接受记者采访时表示，自己反对修改"宪法"和"总统"连任。2月29日，胡适出席"国民

[1]转引自胡颂平编著：《胡适之先生年谱长编初稿》（第8卷），台湾联经出版事业公司1984年版，第3142~3143页
[2]转引自胡颂平编著：《胡适之先生年谱长编初稿》（第10卷），台湾联经出版事业公司1984年版，第3728页

大会"第一次大会，会上胡适坚持认为应该采取无记名投票的方式选举"总统"。

3月21日，胡适到"国民大会"现场投票选举第三任"总统"。当天下午记者问胡适对于蒋介石第三次连任的意见，胡适说："我站在老百姓的立场上，跟老百姓一样的高兴。"

3月19日，胡适住院检查，因心脏病情不稳定，直到4月5日才出院。这次住院，胡适又想起自己在学术上的"债务"，对秘书胡颂平说："假定我还有十年的工作时间，我要刻苦把必要的东西写出来，至少要计划计划。我在医院就计划到这些事了。"[1]

这一年中，胡适仍有许多演讲，关于教育的比较重要的演讲有两次。

6月5日，胡适在台湾师范大学14周年纪念会上演讲《教师的模范》，胡适说："师范，就是教师的模范，他们至少要有两方面的理想。人格方面，是要爱自由和爱独立，比生命还重要，做到'不降其志，不辱其身'，把自由独立看做最重要的，这样人格才算完满。另一方面是知识，就是要爱真理也要比他的生命更重要，才能卖田卖地而去买书，求真理，求知识。在知识上要够资格为人师表。"[2]

6月18日，胡适在成功大学毕业典礼上演讲《一个防身药方的三味药》，胡适说的"三味药"，第一味药叫做"问题丹"，第二味药叫做"兴趣散"，第三味药叫做"信心汤"。所谓"问题丹"，是指每个人离开学校，总得带一两个麻烦而有趣味的问题作伴，问题是一切学问的来源。所谓"兴趣散"，是指每个人进入社会，总得多发展一点专门职业以外的兴趣，这

---

[1] 胡颂平编著：《胡适之先生年谱长编初稿》（第9卷），台湾联经出版事业公司1984年版，第3231页。

[2] 胡颂平编著：《胡适之先生年谱长编初稿》（第9卷），台湾联经出版事业公司1984年版，第327?页。

1960年7月10日，胡适在美国西雅图华盛顿大学举行的"中美学术合作会议"开幕式上演讲。

可以使他的生活更有趣、更快乐、更有意思。有时候一个人的业余活动也许比他的职业还要重要。所谓"信心汤"，就是说总得有一点信心。我们的信心只有一句话："努力不会白费。"[1]

　　7月9日，胡适从台北起程赴美参加"中美学术合作会议"。这个学术会议经胡适推动，规模比原计划扩大很多。7月10日，会议在华盛顿大学开幕，胡适发表《中国的传统与将来》的演说。胡适认为，中国的文化传统是历史进化的几个大阶段的最后产物。中国文化革除、淘汰那些要不得的成分，有一个大解放的作用；采纳吸收进来新文化成分，只会使那个老文化格外发扬光大。

---

[1] 胡颂平编著：《胡适之先生年谱长编初稿》（第9卷），台湾联经出版事业公司1984年版，第3292～3296页。

在美期间，胡适还从亚洲协会为"国家长期发展科学委员会"和"中央研究院"争取到7.5万美元的资助。

令胡适想不到的是，这次在美期间，台湾发生了"《自由中国》雷震案"。9月4日，《自由中国》半月刊发行人雷震等人以"涉嫌叛乱条例第十条之规定"被捕。当天陈诚电告胡适，胡适复电说："鄙意政府此举不甚明智"，将在国际社会产生不良影响。认为唯一挽救的方式是"将此案交司法审判，一切侦审及审判皆予公开"。[1] 此后胡适在美国多次接受记者采访时都强调，雷震是位争取言论自由的爱国志士，希望此案由普通法院审理。

10月8日，雷震案由台湾警备总部的军事法庭宣判，雷震被判处十年徒刑。

10月22日胡适回到台北。回到南港寓所后，胡适在接受记者采访时申述了自己在美国时发表的意见，并表示，如有必要，自己愿意出庭作证。对于雷震被判十年徒刑，胡适还表示，他个人的看法，十年徒刑，未免太重。十一年来，雷震已成为"自由中国"言论自由的象征，换来的是十年坐监，这是很不公平的。

11月18日，胡适由张群陪同去见蒋介石，汇报了"中美学术合作会议"的情况之后，谈起雷震案。胡适说，雷震案发生之后，立刻引起了国外的重视；雷震案宣判之后，自己躲起来，不敢见人。胡适表示了自己对蒋介石"道义上支持"的一贯立场，后来说雷震等三个人加起来共有三十多年的徒刑，不可草率复判。自己主张移交司法审判，是因为全世界无人肯相信军法审判的结果。

[1] 胡颂平编著：《胡适之先生年谱长编初稿》（第9卷），台湾联经出版事业公司1984年版，第3334~3335页。

　　胡适等人的努力最终还是没有结果，11月23日，胡适接到雷震夫人宋英报告，军事法庭重审已经宣判了，维持原判。胡适在回答记者电话采访时，只有一句话："大失望，大失望！"此后，胡适还参加了吁请蒋介石特赦雷震的多人签名活动。

　　12月13日，胡适的生日快到了，他选了一首25岁生日时写的自寿词，复写了十份分给大家。当天他与记者谈话时表示，希望明年70岁的时候可以退休，这样可以关起门来写自己的《中国思想史》下卷等著作。

　　12月17日是胡适69岁生日，"中央研究院"同事签名为胡适祝寿。

　　1961年2月25晚，台大校长钱思亮宴请美国密歇根大学校长，请胡适作陪。胡适突感心脏不适，被送入台大医院抢救。住院期间，胡适仍关心

1960年12月15日，胡适在"中研院"为其举行的祝寿酒会上。

和处理"中央研究院"和"国家长期发展科学委员会"的事务，闲暇时间读读杨万里的诗集，看看《侠隐记》、《续侠隐记》和《基督山恩仇记》。

4月22日，胡适出院，暂时住入福州街26号养病。胡适出院时对记者说，这次病好后，希望在这捡来的生命中，再有十年时间做一点更实际的工作。6月25日，胡适由福州街26号迁回南港寓所。

胡适晚年还积极推动了台湾一些重要书籍的再版，包括周学普翻译的《歌德对话录》，孙洵侯翻译的《人之子》等，他认为"一个有文化的国家，应该有些很像样的书籍"。后来胡适又推动了影印出版《红楼梦》珍稀版本、《聊斋志异》等书籍。

7月11日，胡适因急性肠炎昏迷，幸亏有护士在身边照料。大家劝他住院，胡适没有答应。

7月26日，胡适在雷震的65岁生日纪念册上题词：

万山不许一溪奔，

拦得溪声日夜喧。

到得前头山脚尽，

堂堂溪水出前村。

南宋大诗人杨万里的桂源铺绝句，我最爱读，今写给儆寰老弟，祝他六十五岁生日。

10月18日，胡适的夫人江冬秀回台，胡适到松山机场迎接。

11月6日，应美国国际开发总署的邀请，胡适在"亚东区科学教育会议"开幕式上作《科学发展所需要的社会改革》主题演讲。胡适在演讲中再次谈到他对东西方文化的认识，基本还是他1926年所作《我们对于西洋文明的态度》一文中的观点。他指出，必须抛弃那种认为西方在物质文

1961年4月7日，胡适在台大医院病房留影。

明方面占先，东方则可以在精神文明方面自傲的观点。必须学会承认东方文明中所含的精神成分实在很少，认识到西方文明是高度理想主义的，高度精神的。胡适认为，东方人站在科学和技术的新文明门口，最好有这样的智慧和知识上的准备。12月1日，《文星》刊出胡适演讲的中文稿。嗣后，徐复观等人的围剿责难的文章纷纷刊出。12月20日，徐复观在《民主评论》上发表《中国人的耻辱，东方人的耻辱》一文，说胡适"以一切下流的辞句，来诬蔑中国文化，诬蔑东方文化，我应当向中国人、东方人宣布出来，胡博士之担任'中央研究院'院长，是中国人的耻辱，东方人的耻辱"，并有不少近于谩骂之词。[1]是年底，台湾由此发生了中西文化论

---

[1]转引自李传玺：《胡适最后的关注——中西文化论战》，《江淮文史》2006年第2期。

1962年2月24日，胡适在"中央研究院"主持第五次院士会议。

战，一方以李敖等人为代表，一方以胡秋原等人为代表。

11月26日，胡适心脏不适，经检查颇有心脏衰弱的迹象，不得不再次住进台大医院。初入医院时，医嘱不能看报，胡适也因此对徐复观等人的"围剿"并不知情。

12月17日，胡适在台大医院度过70周岁生日，其病房门口堆满了花篮，朋友们还准备了一本签名祝寿册。胡适在病床上与蒋梦麟、朱家骅等老朋友合了几张影。北大同学会集会庆祝北大成立63周年和胡适70足寿。江冬秀也送给胡适一枚镌有"寿"字的戒指。

1962年1月10日，胡适决定出院，暂住福州街26号。

1月12日，胡适在《民族晚报》上看到"徐复观大张挞伐"的短评，才知道遭到"围剿"的情况。胡适说，对此，自己不想写什么文字，医生也不允许写,将来就是看了廖维藩、徐复观的文章,也不会写什么答辩的文字。后来看到一些文章,胡适说:"这里糊涂的人还是那么多,我三十年前的老话还是值得重说一遍的。"

胡适出院后不久,就多次写信,积极推动台湾故宫博物院文献馆与图书馆所藏史料、孤本书、珍本书的缩微胶卷制作,认为这对于保存资料、方便研究者阅读都具有重要意义。

2月5日,胡适得知原子科学家马仕俊去世的消息,想起1948年北大得到中基会10万美元的资助,决定全部用于发展物理系,当时拟聘请的海外物理学家中就有马仕俊。当天他写信给吴大猷,谈到当年的这个计划,感慨说:"可惜国家白白浪费了十三四个年头!"由马仕俊的去世,联想到自己的身体状况,胡适也许已经隐约意识到自己欠下的"学术债"已经无法偿清了。

2月8日,胡适与太太赴蒋介石的午宴。席间胡适向蒋介石汇报了"中央研究院"第五次院士会议定于2月24日举行,海外回来的院士有吴大猷、吴健雄、袁家骝、刘大中等人的情况。

2月24日,"中央研究院"第五次院士会议在蔡元培馆召开,选举1960年度和1961年度的院士,胡适从福州街动身到南港主持。因为身体原因,开幕式取消。当天选出院士七人。

下午五时,胡适主持"中央研究院"酒会,他首先发表了演讲:"今天是'中央研究院'迁台十二年来,出席人数最多的一次院士会议。令人高兴的是海外四位院士也'回国'参加这次会议。……现在我们在这座山上看见的'中研院'的许多建设,都是最近六年来造的房子。……现在得了政府的帮助,及海外团体学会的帮助,始有今日的规模。设了七个研究所,召开了四次院士会议,选过了三届院士。……十年来,我们在这个孤岛上,可算是离群索居,在知识的困难、物质的困难情形之下,总算做出点东西。"胡适说自己对物理学一窍不通，却有饶毓泰和吴健雄两个学生是物理学家。"这一件事，我认为生平最得意，也是最值得自豪的。"[1]

李济在随后的讲话中谈到胡适《科学发展所需要的社会改革》的演讲引起的不同反应，认为科学至今还不能在台湾生根。

胡适接着说："我去年说了廿五分钟的话，引起了'围剿'，不要去管它，那是小事情，小事体。我挨了四十年的骂，从来不生气，并且欢迎之至，因为这是代表了'自由中国'的言论自由和思想自由。"胡适谈到这里，虽然说不生气，声音还是有些激动。他接着说："海外回来的各位：'自由中国'，的确有言论和思想的自由。各位可以参观立法院、监察

1962年3月2日，南港居民摆设路祭。

---

[1] 胡颂平编著：《胡适之先生年谱长编初稿》（第10卷），台湾联经出版事业公司1984年版，第3898～3899页。

院、省议会。立法院新建了一座会场，在那儿，委员们发表意见，批评‘政府’，充分的表现了‘自由中国’的言论自由。……好了，好了，今天我们就说到这里，大家再喝点酒，再吃点点心吧，谢谢大家。”[1]

胡适讲完此番话时已经是六点半，客人开始离去。胡适站在讲话的地方和一些告辞的人握手，正要转身和谁说话，忽然面色苍白，晃了一晃便仰身向后倒下，后脑碰到桌沿，再摔到地上。身边的钱思亮等人想伸手扶他，已经来不及了。六点三十五分，胡适晕倒在地，再没有醒来。当晚治丧委员会成立，陈诚宣读了胡适的遗嘱。

3月1日，约四万人到殡仪馆瞻仰胡适遗容。3月2日，参加公祭的团体有

胡适墓。

---

[1] 胡颂平编著：《胡适之先生年谱长编初稿》（第10卷），（台湾）联经出版事业公司1984年版，第3900～3901页。

100余个，约2万人。下午二时出殡时，沿途送葬的民众约三十万人。灵车过了松山后，许多人家设香案路祭，情状感人。

6月27日，蒋介石颁布褒扬令，对胡适的一生给予极高的评价，说胡适是"新文化中旧道德之楷模，旧伦理中新思想之师表"。

7月，治丧委员会选定"中央研究院"南门对面的旧庄山坡为胡适墓地。10月初，一期建筑工程完成。10月15日，举行了安葬典礼。"胡适墓园"从此成为世人瞻仰之地。胡适的墓志铭由毛子水撰写：

这是胡适先生的墓。

……

这个为学术和文化的进步，为思想和言论的自由，为民族的尊荣，为人类的幸福而苦心焦思、敝精劳神以致身死的人，现在在这里安息了！

我们相信，形骸终要化灭，陵谷也会变易，但现在墓中这位哲人所给予世界的光明，将永远存在。

把教育办得更好

（代跋）

储朝晖

　　提倡教育家办学是提升中国教育品质的必由路径，令人遗憾的是，近三十年对教育的实地调查使我深感无论是在教育业内还是整个社会，对教育家的认识都是极度模糊的。

　　在我心存为解决这一问题做点什么的愿望时，四川教育出版社前任社长安庆国先生说他一直想出版一套《20世纪中国教育家画传》丛书而未能如愿。于是，我们决定合力将这件事做好，以期对传承、传播教育家的办学理念，促进教育家办学有所裨益。这便是这套丛书编写和出版的缘起。

　　在丛书编写和与各卷作者交流的过程中我体会到，一个时代是否有教育家是与两个方面相关的：一是这个时代是否需要教育家；二是这个时代是否具有产生教育家的环境。可以说任何时代都有具有教育家潜能和品质的人，但只有独立思考，并能依据其独立思考自主实行教育教学的人，才能成为教育家。因此，凡是学人能够自主的时代，出现教育家的概率就高；而在学人不能自主的时代，就不会出现教育家。如果真的期望教育家出现，就要创造教师能够自主教学，学生能够自主学习，校长能够自主办学的社会与制度环境，否则就不可能出现真正的教育家，也不可能培养出杰出人才。

　　教育家的认定最可靠的方式是社会认同，获得较高社会认同的教育从业者，能被社会高度认同为教育家的人就是教育家。当今尚不存在哪个专家或某个机构具有确认教育家的资质。限于条件，这套丛书还不能对所选传主通过全民投票的方式来确定，但所选的十位传主确是经过教育史专业的学者海选而产生的，他们选出了王国维、蔡元培、陶行知、张伯苓、胡适、梅贻琦、黄炎培、徐特立、陈鹤琴、晏阳初，在20世纪中国教育史上，他们发挥的教育家作用是毋庸置疑的。令我们感到惊诧的是，他们在那个年代就已经相互认识，大都有过直接交往，其中一些人之间还是挚友，这应是志同道合使然。

除了外部认同，教育家必备的内部品质有三种：一是博爱之心，执著地爱学生、爱教育工作、爱人类未来的发展；二是独立思考和不懈求新，教育已经是数千年的专业工作，不能独立思考和创新的人是难以成为教育家的；三是有从事教育工作的专业潜质，能敏锐地发现教育问题，并以独特的思考和行为解决问题。有了这三种品质，在外部条件许可的情况下就会产生诸如教育思想、办学业绩、论著等结果。

是否称得上教育家，最根本的是看他是否教人做人，能否依据学生不同的潜能、个性和志向培养出值得他自己崇拜的人。一个人的学业成绩仅仅是他成长发展的一个方面，学业成绩高并不一定就发展得好，教出考试成绩高的学生也不是教师成为教育家的垫脚石。近三十年来有不少学生得了各类国际奥林匹克奖，却未能成长为相应领域真正的专家。陶行知主张办知情意合一的教育，有一段很有针对性的话："知情意三者并非从割裂的训练中可以获取。书本教育也许可以使儿童迅速地获得许多知识，神经质的教师也许可以使儿童迅速获得丰富的感情，专制的训练也许可以使一个人获得独断的意志，但我们何所取于这样的知识，何所取于这样的感情，何所取于这样的意志？知情意的教育是整个的，统一的。知的教育不是灌输儿童死的知识，而是同时引起儿童的社会兴趣与行动的意志。感情教育不是培养儿童脆弱的感情，而是调节并启发儿童应有的感情，主要的是追求真理的感情；在感情之调节与启发中使儿童了解其意义与方法，便同时是知的教育；使养成追求真理的感情并能努力与奉行，便同时是意志教育。意志教育不是发扬个人盲目的意志，而是培养合于社会及历史发展的意志。合理的意志之培养和正确的知识教育不能分开，坚强的意志之获得和一定情况下的情绪激发与冷淡无从割裂。现在我们要求在统一的教育中培养儿童的知情意，启发其自觉，使其人格获得完备的发展。"坦率地说，现在不少学校的学生成绩就是以割裂的方式获取的，这样的学校教育就不能说是真正在教育人，也不可能造就出教育家。如果不能走出这个误区，教育家的出现就永远只能是梦想，教育家办学就只会蹈空。

中外历史上所有教育家的人生旅程都是历经波折、艰难求索的过程。他们虽然没有自称是教育家，却都在青年时期就有高远的志向，如孔子"十有五而志于学"、陶行知"要让每个中国人都受到教育"，都是普通而又高远的追求。为了实现人生目标，他们不畏权势、不为名利，"捧着一颗心来，不带半根草去"，贫贱不移、富贵不淫、威武不屈、美人不动。教育家的出现首先需要有尊道抑势、以人类发展进步为己任的大胸怀，需要终生不辍的求索和行动。

教育家群体的出现需要有适宜的制度与社会环境，要让有教育家天赋的人敢想、敢干，能想、能干，这种社会条件往往不是一个人、一个机构、一个政策所能创造的。从现实状况看，教师的自主性和创造性未能得到充分发挥确是现有教育管理体制的缺陷，而改变现有体制使更多的人能遵循教育内在规律更高效地工作，就是应该尽快解决的实际问题。

这套丛书突出传主的教育思想、办学理念、办学实践，尤其凸显传主的教育家精神，希望真正激励一批有志教育的人成为教育家，切实有效地推动中国的教育家办学进程。

这一想法的实施是一项艰巨的任务。黄延复先生因与我都有弘扬大学精神的共同心愿而成为忘年之交,在《梅贻琦画传》的写作过程中,我俩仅打过几次电话,便能对对方的想法灵犀相通。在他的指导下,青年学者钟秀斌领悟得很到位,花一年多时间完成了《梅贻琦画传》书稿。年近八旬的戴永增先生,二十多年如一日地进行徐特立研究,我俩因此而成为无话不说的老朋友。说起徐特立,他就像做专题报道,滔滔不绝、如数家珍。为了《徐特立画传》的编写,他亲自找到北京理工大学郭大成书记,要求将这一工作列为该校的一个科研项目;同时他再三鼓励、全力帮助以靳贵珍老师为主的青年学者写作,提携后辈不遗余力。当书稿完成后他在电话中明确坚定地告诉我自己不署名。同样,华东师范大学中国史学研究所房鑫亮教授对《王国维画传》的写作给予大力支持,一开始就明确表示愿意以《王国维全集》的编辑工作为基础,指导徐旭晟博士完成书稿,但自己坚决不署名。这本身就是本套丛书所追求的精神境界之一。

对本套丛书给予直接帮助的个人和团体还有:中国人民大学教授程方平,中国教育研究院徐卫红、夏辉映,北京师范大学教授顾明远、孙邦华,北京理工大学教育研究院,在此一并致谢。此外,由于本套丛书参考的文献浩繁,标注的引文及参考文献或属挂一漏万,对于这种情况,我们在此一并致歉并致谢!

在本套丛书即将出版之际,真诚感谢对各位传主研究有素的专家乐意担任各分册作者。在这个作者队伍当中,既有与我交往数十年的老朋友,也有为完成这次任务而结识的新朋友。在编写和出版这套丛书的基本理念上,我们在认识上高度一致,在情感上高度愉悦,遇到各种困难能够设法克服,较好地保证了这套丛书的内容深度和质量。在此,尤其要感谢前辈学者黄延复、宋恩荣、梁吉生、戴永增、金林祥诸位先生,他们有人和我交谈时说这次的写作是绝笔之作，更令我肃然起敬且感到难以担当，但愿我们的真诚能有助于读者更好地领会各位教育家的精神真谛，碰撞出当今社会更多的真诚，把教育办得更好。

四川教育出版社现任社长雷华、总编辑胡宇红、副社长李晓翔和王积跃对整套书的出版给予了大力支持；张纪亮主任和各位责任编辑为丛书出版花费了大量精力；同时我的爱人胡翠红做了大量资料查阅、梳理工作。在此一并致以诚挚的谢意！

尽管本人及各位作者在写作时尽了最大努力，但丛书的缺点和不足在所难免，恳请方家和读者批评指正，所提意见可直接发到我的邮箱：chu.zhaohui@163.com，在此先致谢忱。

2012年3月28日

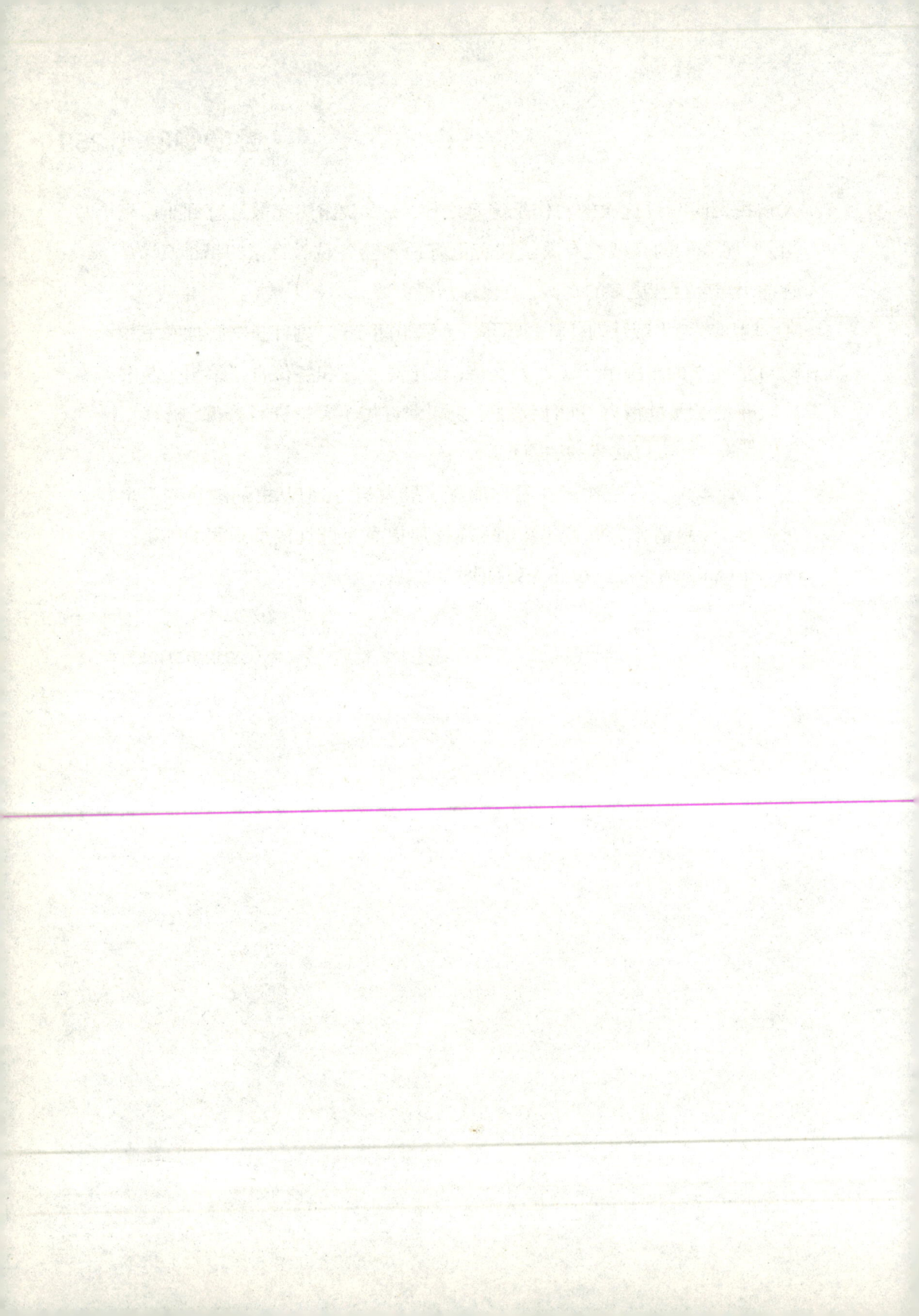